MIS DOS VIDAS

Planeta

María Teresa Campos

MIS DOS VIDAS

MEMORIAS

Con la colaboración de Juan Campos Luque
en la historia de mi abuelo

Planeta

Diagonal, 662-664, 08034 Barcelona (España)

Ilustración de la sobrecubierta: © Víctor Cucart

Primera edición: mayo de 2004
Depósito Legal: B. 19.797-2004
ISBN 84-08-05309-4
Composición: Fotocomp/4, S. A.
Impresión y encuadernación: Cayfosa-Quebecor, Industria Gráfica
Printed in Spain - Impreso en España

Índice

A mis hijas y nietos:
lo mejor de mis dos vidas

El premio

Me lo dijeron en los postres, como si fuera la guinda de la tarta de chocolate que mi querida amiga Pilar del Río y yo compartíamos en la mesa de un restaurante del centro de Madrid. Hablábamos acaloradamente, sin descanso, aprovechando el tiempo como hacemos siempre que viene a Madrid desde Lanzarote, donde vive junto a su marido, el premio Nobel José Saramago. Pilar ha estado presente en momentos decisivos de mi vida. Nos conocemos desde hace muchos años y nos conocemos bien. Me entero por una llamada de la Cadena SER: me han concedido el Ondas. Pilar se abalanza sobre mí y nos fundimos en un largo y cálido abrazo, con la emoción propia del afecto, del cariño que asoma en nuestras miradas, aunque nos separe una larga distancia.

Sabía que estaba nominada y que ese día se fallaba el premio, pero no puedo evitar la alegría y la sorpresa que siento cuando me dicen que soy la ganadora. Sobre todo porque, aunque no es el primer Ondas, no es un premio más. Sé que no lo es. Especialmente por su argumento: «En reconocimiento a la dignificación de la televisión popular.»

Me hace feliz que el jurado valore precisamente lo que ha sido un empeño y una constante en mi carrera. Procuro no perder jamás ese horizonte. Intento no bajar la guardia de un compromiso no escrito, de unas normas que no aparecen en ningún papel y que, sin embargo, están grabadas a fuego en mi conciencia. De ahí la importancia del Ondas. El prestigio del galardón me reconforta de algunas injusticias que he sufrido durante muchos años. He soportado críticas y etiquetas procedentes de personas que ni siquiera han visto nunca mi trabajo. Esa crueldad, que puede hacer —y hace— tanto daño, queda compensada con una noticia como ésta, con las palabras que me llegaban de la radio desde el otro lado del teléfono.

Más tarde, sola ya en casa, pienso en el tiempo que ha pasado hasta llegar aquí. Han sido muchas horas dedicadas a una profesión que me ha tratado con generosidad, que me ha dado la oportunidad de crecer y desarrollarme. Pero, sinceramente, también he puesto lo mío. ¡Me he dejado la piel! He luchado con todas mis fuerzas por salir adelante en el trabajo y en la vida. No siempre ha sido fácil. Y eso empieza a venirme a la cabeza, poco a poco, al principio lentamente, como si los recuerdos fueran una corriente suave e imparable que se va colando por la memoria con la velocidad y la furia dormida de la lava de un volcán.

Casi sin darme cuenta me encuentro en épocas dulces y amargas. Voy descubriendo un pasado duro, amable e insólito; tocando el cielo y pisando, a veces, la raya movediza del infierno. Aparecen los seres amados, los que probablemente me han quedado por amar y los que nunca han hecho nada porque los quiera ni por quererme. Es un vértigo extraño, que atrae y asusta, una necesidad de mirar hacia atrás con los ojos atentos y serenos de quien ha sobrevivido a un terremoto. Pienso que tengo que ordenar el aluvión de voces y de imágenes que, como una inesperada tormenta de verano, comienzan a sacudirme, ya con más fuerza, el cerebro y el corazón. Es entonces, esa misma noche, porque siento que no puedo esperar más, cuando decido escribir, adentrarme en un largo viaje por mi vida, sin saber aún adónde me llevará la vuelta sobre mis propios pasos.

Sí sé que no es una, sino dos; dos vidas separadas nítidamente como dos océanos, como aparecen separados los países en los mapas y el laberinto de huesos en una radiografía. Son dos vidas como dos mundos, partidas no sólo por el eje del tiempo: también por la realidad afilada de los sentimientos, por el efecto devastador que en ocasiones han supuesto las circunstancias y la poderosa arma de mi voluntad.

Fui educada para ser una señora de su casa, una mujer que debía entregarse por completo y en exclusividad a su marido y sus hijos. La realidad fue bien diferente, porque el azar te lleva por otros caminos. Y a mí me arrastró. Me casé y fui madre. Pero ni el matrimonio fue para siempre ni mi existencia se ha reducido a la familia como elemento único y definitivo. Por eso no creo en el destino: pienso que uno mismo se hace su vida. No me gustaría que alguien supiera y decidiera lo que me va a ocurrir. Prefiero hablar del azar, que es aquello que hace que en un acto social, por ejemplo, te sienten a una mesa junto a una persona y no con otra. He tenido experiencias de ese tipo, como el hecho de haberme encontrado con un hombre en una carretera después de estropearse el coche en el que yo viajaba. Era un desconocido que detuvo su vehículo para auxiliarnos y se quedó esperando a que llegara la grúa. En ese momento éramos dos extraños unidos por una simple casualidad. A partir de ese día, aquel hombre y yo compartiríamos catorce años de nuestra vida.

Ninguno de los dos imaginaba entonces que el azar nos iba a colocar en el mismo camino. O, mejor dicho, en la misma carretera.

Como se verá en este libro, son muchas las ocasiones en que algo fortuito va a hacer cambiar de una manera radical, de una forma imprevista, aquello que en principio parecía definitivo. A veces se trata de hechos aparentemente nimios, casi insignificantes, pero otras significan un giro completo, una especie de revolcón interno que, por su trascendencia y calado, supondrá una auténtica revolución personal. Claro que, para que eso suceda, es obligatorio el consentimiento, el deseo y las ganas de modificar las cosas; estar de acuerdo y estar convencido de que lo nuevo puede ser mejor. O de que al menos vale la pena intentarlo. Nunca me ha faltado ese arranque o, por qué no decirlo, el coraje para luchar por ello. Sólo así se entiende que hoy hable, en estas páginas, de dos vidas.

Primera vida

La niña de la bomba

La primera vez que mi nombre apareció en los periódicos tenía poco más de cuatro años. No es un farol. Es una realidad dramática y uno de los primeros recuerdos, mal recuerdo, de mi vida. Ocurrió el 30 de noviembre de 1945 en Málaga, en aquella «Málaga la roja» que, como el resto de España, estaba salpicada, herida y dividida por el horror de la guerra civil.

La contienda había extendido un reguero de cadáveres y rencor entre una población que luchaba por sobrevivir en ese paisaje de desolación, como envuelto en humo y lágrimas, que dejan siempre las batallas. Las huellas eran palpables en el corazón de la gente y en las calles de un país golpeado por la dureza del odio. Es difícil apartar de la memoria aquellos rostros surcados por la fatiga del dolor, la desesperanza y el abatimiento que encontrabas en las largas colas de las cartillas de racionamiento y el estraperlo; en la escasez, en fin, de una época a la que, como tan magistralmente reflejó Fernando Fernán Gómez en *Las bicicletas son para el verano*, había llegado la victoria pero no había llegado la paz.

Todavía hoy, al evocar aquellos tiempos, pese al hermoso sol de mi tierra, puede más el color gris del aire, las sombras colándose por las ventanas de los edificios, el alma y hasta el estómago de los hombres y mujeres que fueron sacudidos como por un huracán de arena plomiza en un momento, para muchos irreparable, de su vida. Los dos bandos estaban separados por un mar envenenado del que te distanciaba, en ocasiones, solamente el rellano de la escalera. Nunca se sabía en qué lado estaba el vecino de enfrente, y había un umbral inquietante, lleno de miedos, tras el que se ocultaban los perdedores, los vencidos. La gente se cruzaba en el portal sin mirarse, sin fiarse el uno del otro, esquivando las palabras como antes habían esquivado las lenguas de fuego de una metralleta.

Habían pasado seis años desde el término de la guerra. Antonio Rueda Morales, el chico de los recados del salón de limpiabotas de la calle de Santa Lucía, caminaba por el Pasillo de la Cárcel (hoy avenida de la Rosaleda), junto al lecho del río Guadalmedina, que atraviesa Málaga como un rayo seco y extenso. Antonio, de catorce años, iría pensando en sus cosas cuando, de pronto, se encontró algo que le llamó la atención: una bola negra. Creyó que se trataba de una pelota e hizo lo que habría hecho cualquier chaval de su edad: la cogió. Cuando volvía al salón vio a un amigo, quiso jugar con él y se la tiró. La supuesta pelota cayó al suelo y en ese momento se produjo una fuerte explosión, un estruendo que inundó como un sobresalto ensordecedor la calle de Santa Lucía. El chico de los recados del salón de limpiabotas no estaba jugando, como creía, con un balón: jugaba con una bomba. En plena edad de la inocencia, ajeno a las trampas del pasado, Antonio Rueda Morales se tropezó en su destino con una arma peligrosa y dañina que le causó gravísimas heridas.

Y allí, en ese instante, estaba yo, con algo más de cuatro años; a tan sólo cincuenta metros, cogida suavemente de la mano de mi tía Elvira, caminando en dirección a la casa de mi tía Amparo. El impacto alcanzó mi cuerpo, protegido contra el frío del invierno por un abriguito verde, insuficiente desde luego para evitar la cascada de metralla que me agujereaba la piel. Aún hoy tengo cicatrices en los brazos y las piernas, marcas imborrables que me acompañan desde entonces como prueba de aquella mañana de noviembre en que fui lo que ahora llamaríamos un daño colateral.

Afortunadamente no me dio en la cara, porque, de haber sido así, las consecuencias habrían sido fatídicas.

Ésa fue la primera vez que un grupo de personas, de gente que pasaba tranquilamente por la calle, se congregaba a mi alrededor. Recuerdo a mi tío Pepe, fuerte y altísimo, apartándome de aquella confusión, alejándome de los gritos, de la sangre; tratando de sacarme de allí, de ponerme a salvo y buscar un lugar en el que me atendieran. Había mucha prisa, muchas voces y el desconcierto que planea sobre la superficie de un suceso imprevisto. Parece que los estoy oyendo en medio del alboroto, del pasillo sinuoso de hombres y mujeres que me miraban con espanto y compasión, tapándose la boca con las manos y girando la cabeza a mi paso como se despide a alguien cuando va camino de un futuro incierto, probablemente trágico, o de un hospital.

—¡Pobrecita, ésta es la niña de la bomba!

Lo fui al día siguiente cuando mi nombre, como digo, salió también por primera vez en los periódicos. Y salió así:

La niña de la bomba

Me he preguntado en muchas ocasiones qué habrá sido de Antonio Rueda Morales. No sé si logró sobrevivir. Lo que sí puedo asegurar es que, pese al tiempo transcurrido, no he sido capaz de olvidarlo. No he querido contar esto antes porque si digo que fui víctima de una bomba de la guerra civil..., ¡para qué queremos más!; más años, naturalmente. Quede claro que en 1939 no había nacido. Aquel maldito artefacto era una bomba abandonada de la maldita guerra, que estalló a mi paso en el año 1945.

Quizá por ese episodio, aunque he tenido una infancia feliz, fui una niña asustadiza, una niña llena de miedos a la que el simple ruido del tubo de escape de una moto hacía estremecer. Pero esos miedos me venían también porque en aquella época me contaban muchas historias de muertos. Sobre todo lo hacían las mujeres que trabajaban en casa. Llegaban de los pueblos para emplearse en la ciudad y se iban para casarse; regresaban a un destino que ellas mismas habían bordado sobre la almohada, soñado en las largas noches de una habitación extraña en que acariciaban, supongo que con bastante soledad, una familia propia, unos hijos que iban a ser los suyos, unas paredes en las que no habrían de faltar retratos de boda y de niños de primera comunión y un almanaque con un santo mirando, como ellas, la caída dulce de los días. El precipicio suave del tiempo.

Pasábamos con esas mujeres buena parte del

día, por lo que teníamos una relación muy estrecha, una gran complicidad y un afecto mutuo y sincero. Fui creciendo, pues, en su compañía y en la de sus leyendas rurales, tan proclives a alimentarse de las ánimas de los muertos. Era, el de sus relatos, un mundo terrorífico. El efecto que lograba en una niña de mi edad era de asombro y conmoción, una sacudida que recorría mi cuerpo y dejaba paralizados mis sentimientos, como si aquellos seres que no podía ver me fueran abrazando hasta dejarme sin respiración. Por eso nunca he temido que entre un ladrón en casa. Jamás he tenido miedo de los vivos. Lo he tenido de los muertos.

Eran ellos quienes habitaban en aquellas tremendas fantasías, en el lado más lúgubre y soterrado de lo que entonces, para mí, suponía la entrada en el deslumbrante país de los adultos. Pero el momento álgido, la situación que me producía ya un auténtico estado de pánico, tenía lugar en el campo, en una casa que una hermana de mi abuelo poseía en Moriles. Al llegar la noche nos sentábamos con mis tías y otros vecinos del pueblo. Empezaban a desgranar, con suma destreza y todo lujo de detalles, esas historias de muertos que me aterraban hasta el extremo de que después, víctima de un cataclismo emocional, no podía dormir sola.

La verdad es que no he dormido sola hasta los cuarenta años. Y ahora, a pesar de mi edad, he tardado bastante tiempo en ver *Los otros*, la película de mi admirado Amenábar, y cuando lo hice fue en vídeo, en mi casa, por la mañana y con las persianas levantadas hasta arriba. Lo que es la vida: ¡con la imagen que tengo de fuerte y segura!

En realidad, siempre he necesitado tener a alguien, sentirme protegida. Cuando era niña tenía a mi prima Leli, que era, digamos, la líder. Yo era todo lo contrario: muy tímida. Nos vestían igual, íbamos al mismo colegio e hicimos juntas la primera comunión. Además de mi prima, que para mí era una hermana, tenía una amiga: Trini Labrador. Y Trini era, lógicamente, más fuerte que yo. Para ser sinceros: Trini me tenía dominada. Ejercía sobre mí una especie de «estricta disciplina inglesa». Me decía «tráeme el babero» y yo subía la escalera como una exhalación para bajárselo corriendo. Tanta docilidad ponía enferma a mi prima Leli:

—¡Eres idiota!

Yo tragaba saliva y le contestaba:

—No... es que si no, se enfada.

¡A Trini no le negaba yo nada ni muerta!

Cómo sería el grado de poder que tenía sobre mí que todos los días, al salir de clase, me pedía —bueno, me ordenaba— lo mismo:

—Acompáñame a casa.

—Sí, por supuesto. —Y aquello sonaba como un amén.

Iba, sin rechistar, a su lado, haciendo el doble camino, andando hasta la punta contraria en lugar de seguir la ruta natural y más próxima para llegar a mi casa. Me daba igual: la obedecía a pies juntillas. Lo normal, Trini, si me estás leyendo, es que alguna vez tú hubieras hecho el itinerario que me favorecía a mí. ¿O no?

No puedo evitar la nostalgia al recordarte, al rememorar cada paso de aquel camino y que ahora, tantos años después, cómo me gustaría repetir. Sí, atravesarlo las dos, como entonces, contándonos nuestras cosas, haciendo un balance de lo que ha sido nuestra vida, deteniéndonos para respirar el mismo aire, confesándonos los secretos de dos mujeres que vuelven a encontrarse en ese espacio efímero e imborrable, que juntas recorrimos, de la infancia. En algún rincón de nuestro corazón, en las rayas tatuadas de la piel, está ese pasado seguramente amarillento, como una foto antigua, pero que late desde los bordes de nuestros ojos de niñas que iniciaban, sin darse cuenta, otro camino que no admite rodeos ni demoras: el camino de la vida. Hoy, que ya hemos cubierto una parte de ese trayecto, sería bueno volver a casa por un momento, retroceder a ese sitio en el que muy pronto nos hicimos amigas. Ahora, de igual a igual y con el gran cariño que te he tenido y te tengo, ya sabes, querida Trini, por qué hacía todo aquello. Lo hacía para que no te enfadaras.

Mi obsesión siempre ha sido que la gente no se enfadara conmigo. Me ha pasado muchas veces en mi vida, en el matrimonio, en el trabajo... Todavía hoy me sigue afectando. La gente no puede comprender que, después de tantos años sintiéndome tan querida, tan valorada, tan reafirmada, tan todo, pues... que me haga polvo una crítica que considere injusta o que me ataquen aquello que es importante para mí, como la honestidad. Diariamente recibo cientos de e-mails, los equivalentes a los anónimos de antes, de los que, como se comprobará más adelante en este libro, me han mandado unos cuantos a lo largo de mi carrera. La mayoría de esos correos electrónicos son maravillosos, pero hay otros verdaderamente insultantes y crueles. Reconozco que nunca me dejan indiferente, aunque entiendo que en la medida en que una persona despierta grandes cariños también hay un grupo, seguramente reducido, que te odia. Y, aunque cueste, hay que aprender a convivir con el otro lado de la moneda, con el hecho de que la envidia o el resentimiento convierte a algunos seres humanos en imposibles compañeros de viaje. Después de todo, tampoco está mal que de vez en cuando alguien te baje de las nubes, porque, como dice mi paisano Alfonso Canales, «en Málaga nadie es más que nadie».

En aquellos años, mis primeros años de vida, lo que más me gustaba del mundo era jugar con las muñecas y a las tiendecitas. Lo mío tenía que haber sido el comercio, la profesión de mi abuelo materno, Juan,* el patriarca de la familia y uno de los primeros industriales de Málaga. Había llegado allí desde Lucena, Córdoba, en busca de un futuro mejor y para aliviar la carga que suponía para sus padres la necesidad de alimentar a un montón de hijos. Su primer trabajo, todavía en el pueblo, fue de aprendiz en una farmacia. Siempre recordaba que un día se le cayó un mortero al suelo y el boticario le dio una bofetada. Pero, a continuación, recibió otra: se la dio su madre, Ana Repullo, cuando llegó a casa y le contó lo ocurrido entre llantos. Mi bisabuela, que era una mujer de armas tomar, se lo explicó de forma contundente:

—Para que aprendas a no romper más cosas.

De mi abuelo he heredado una cosa: era un hombre que estaba arriba, se arruinaba y volvía a salir adelante, como lo atestiguan los distintos negocios que puso en marcha a lo largo de su vida y que se saldaban con éxito o fracaso, pero que nun-

* Todas las referencias a la biografía del abuelo Juan Luque Repullo están extraídas de *Historia del abuelo*, de Juan Campos Luque.

ca, ni en los peores momentos, le llevaron a arrojar la toalla. Su primer empleo en Málaga fue como interno en la droguería Los Santos. No hubo un segundo empleo: Juan Luque tenía espíritu emprendedor y alma de empresario.

Ya en 1906 se estableció por su cuenta con un almacén de coloniales en la calle de Fernán González. En esa situación, siendo un joven empresario con ganas de comerse el mundo, conoció a la que sería su primera mujer, Concha García Potestad, y ambos protagonizaron una historia llena de romanticismo, una de esas historias que parecen más literarias que reales. ¿O no lo es el hecho de que mi abuelo conociera a mi abuela en un teatro? El hoy remodelado teatro Cervantes vivió el flechazo de mi abuelo. Él frecuentaba aquel lugar y ocupaba un sitio de gallinero, o de «paraíso», como se decía entonces, supongo que más por la altura de su ubicación que por las comodidades, inexistentes, de ese emplazamiento. Un día hizo un barrido con sus prismáticos por la herradura de dorados y terciopelos rojos y entre el paisaje de rostros anónimos descubrió uno que tenía algo especial. Se trataba de una señorita que ocupaba un palco de la platea, una bella mujer, posiblemente enigmática, porque la existencia de aquella joven, mi abuela Concha, ha estado rodeada siempre de una nebulosa imposible de penetrar. Se sabe que venía de lo que, en esos años, se consideraba una familia importante, una saga acostumbrada a cierto esplendor en el marco preciso de una ciudad de provincias. Al menos hay signos que permiten pensarlo, como el dato de que tuviera butacas de propiedad en el teatro. El joven Juan se quedó fascinado, irresistiblemente atraído por la misteriosa dama, a la que siguió viendo en posteriores representaciones. Tenía de ella esa única imagen. No sabía cómo era su voz e ignoraba cómo sería el movimiento de su cuerpo, el vuelo de sus miradas y el estado de sus sentimientos. Nada. Desconocía hasta su nombre. Toda la información que poseía era meramente visual y emergía de su hermosura estática, de contemplarla como una escultura, como una bengala que se desvanecía cada noche con la caída del telón. Pero no tenía ninguna duda: estaba hecha para él.

El destino los puso en el mismo camino. Exactamente en los peldaños de una escalera, los del edificio en el que mi abuelo tenía el almacén y su propia vivienda. Una mañana bajaba a trabajar cuando, como en un sueño, la muchacha del teatro se cruzó ante él. Por fin podía apreciar la ondulación de sus pasos, captar la densidad de su figura próxima, la cercanía de lo que hasta ese momento había sido el objetivo lejano de sus prismáticos. Se apartó para que ella y su señora de compañía pasaran, le hizo mil reverencias y se quedó perplejo con tan oportuna casualidad.

Concha Potestad estaba allí por un motivo: debido a la mala gestión de un administrador, su familia había sufrido un revés económico y ahora tenía que buscar un piso de alquiler. Por expresarlo de una manera gráfica podría decirse que, en el momento del encuentro, más que subir una escalera, lo que hacía mi abuela Concha era bajar un escalón.

La joven se instala en el edificio y pronto surge una amistad con una hermana de mi abuelo. Es un hecho decisivo para él, que había dejado en Lucena a una novia llamada Araceli. Pero el amor tiene en ese momento otro nombre: Concha. La relación culmina en boda. La situación de ella era tan precaria que el vestido de la ceremonia se lo tuvo que regalar mi abuelo. De no haber sido así, ambos se podían haber eternizado mareando la perdiz. Conservo una foto de su luna de miel, una simpática imagen en la que él aparece con una indumentaria de rey moro y ella de sultana, con la Alhambra al fondo. Curiosamente, Julián Sesmero incluye en su libro *Los barrios de Málaga* una foto del empresario Ruperto Hito y su mujer posando en un decorado idéntico al de mis abuelos, lo que me hizo pensar que la instantánea no había sido tomada en Granada, hasta que comprobé que llevaba el nombre de un estudio de la Alhambra.

De aquel matrimonio nacieron todos los hijos conocidos, en total ocho, de mi abuelo. La mayor es Concha, mi madre, que vino al mundo el día que asesinaron a Canalejas. La última en nacer fue mi tía María Pepa, y a los tres meses murió mi abuela Concha, con 37 años, como consecuencia de un tumor cerebral. La nueva situación obligó a mi abuelo a contratar a una mujer para que gobernara la casa, y dio un nuevo rumbo a su vida profesional al abrir un almacén de comestibles coloniales, con el que sufriría, en 1914, uno de sus desastres comerciales y la primera de sus ruinas. Una auténtica tragedia para aquel hombre emprendedor, como quedó reflejado en la carta que, por esas circunstancias, envió a su padre:

Todo mal que nos valga llega en la vida y tras mi vergüenza al fin llegó el día para escribir a V., bien aciago por cierto, pero plagiando al gran Espronceda, qué importa un cadáver más. Nada. Cientos de sus más ilustres hijos, la vida pasaría sobre ellos derramando olvido y la sociedad los dejaría a un lado como lo que nada vale.

Esto sin comparación me pasa hoy a mí, el más mentecato de los nacidos, que de un lado la vida pasa como sobre todos, y la sociedad por deberes quizá de sus instituciones me aparta a un lado como cosa perjudicial y mala, como cosa perdida. Un vivo muerto sobre quien giran gaviotas de largos picos, hombres que no pueden llamarse más que Caínes y Abeles, sin conciencia, sin alma, y que ya no pueden descargar la tempestad de su despacho. Giran sobre su presa, convulsos y despiadados, buscando el solo bien acaso mal entregado. El DINERO sin cuyo atributo el hombre no es hombre, el amigo que deja de serlo, el listo torpe, el hombre es ladrón, y así sucesivamente.

Mi sino ha sido bien cruento, mi desgracia mayor acaso, pero confío tras todo en que Dios oriente mis nuevos pensamientos para que esta desgracia no me ocurra más en la vida, de la cual estoy harto, abrumado, pero deberes sagrados hacen levantar los ojos al cielo y hundirlos en la tierra para ver esos mismos deberes, nuestros hijos, único blasón que nos sostiene inconscientemente.

El almacén será cerrado de un día a otro y a la gente se aplazará para ver si es posible pagarles, ofreciéndoselo así, y después de todo esto ya veremos lo que más conviene hacer, aunque mis pensamientos hoy están muy lejos, si Dios otra cosa dispone. Contar a V. los sinsabores de mi vida desde que marchó V. sería tarea larga e insustancial, resignación a la vida y nada más. Mucho me ha extrañado que nada ha-

yáis escrito, señal evidente de que sabéis cuanto me pasa, y con mil abrazos para mi queridísima madre y hermanos, reciba V. el mayor de quien tanto le quiere, vuestro hijo.

No sé cuánto le duraría la pena de viudo a aquel hombre todavía joven que era mi abuelo, pero, pasado un tiempo prudencial y siguiendo con su afición epistolar, escribió a Araceli Campos, la novia que había dejado plantada para casarse con otra. Y como en tantas películas y novelas, la carta fue interceptada por el padre de ella, Francisco, aunque no llegó a romperla. Simplemente la guardó en el cajón del escritorio de su despacho.

Un día, Francisco mandó a Araceli a buscar algo en ese mueble y allí, como un tesoro resguardado por el tiempo, como un secreto que se esconde con la esperanza de ser desvelado, encontró la carta que en un primer momento no le había sido entregada. ¿Fue algo casual o una maniobra intencionada? Finalmente, ella podía leer aquellas palabras que un antiguo pretendiente le dirigía en la confianza de una respuesta. Pero no sabía el remitente que iba a ser silenciado por una mano paternal, por un instinto de protección o un arrebato de venganza, y que ahora, templado el ánimo o presa del remordimiento, o tal vez por pura casualidad, llegaba a las manos de Araceli. Y a su corazón, porque inmediatamente ella le contestó:

Para Juan Luque.

Quizá lo que menos piense sea recibir mi carta en este día, pero puede tener seguro que la suya fecha 24/25 de diciembre del año pasado no ha sido en mi poder hasta hoy día de la fecha en que escribo a V. Esta carta la recibieron en mi casa de Andújar en el día que V. la escribió y fue firmada a su recibo por mi hermano Pepe (que ya lo recordará de pequeño) y entregada a mis queridos padres, quienes no me hablaron de ella por creerse que yo no la quisiera contestar: pero como nada hay oculto en la vida, aunque esta carta estaba muy guardada, Dios ha querido que llegue a mis manos hoy en Andújar (porque yo llevo cuatro años en ésta viviendo con mis hermanos Joaquín, Tomás y Elvirita) que al buscar una foto de mi pobre hermana (q.e.p.d.) en la mesa de escritorio de papá tropecé con ella y ya no pudieron ocultármela. Fíjese cuál sería mi asombro al ver que era de V. Lo que yo menos podía imaginar y en las pocas horas que hace que la encontré la he leído muy repetidas veces, y créame le soy franca me parece por sus muchas palabras leo aquellas... que me hacían tan feliz y que con tantas lágrimas devolví a su procedencia.

No quiero hacerme pesada y voy a cumplir sus

deseos, guardaré su secreto como V. y creo en todo cuanto me dice. Yo también he sufrido y sufro atrozmente y le agradezco con toda mi alma ese deseo de que sea tan feliz como V. quisiera, pero le digo con el corazón en la mano, que hasta hoy no lo he sido ¡y quién sabe si no lo seré! Mas si ésta es la voluntad de nuestro Señor que se cumpla y con ello estoy conforme. ¿Y qué quiere para terminar?, ¿que le perdone?, ¿pero es que V. cree que yo no lo tengo perdonado? Si pues jamás le odié, jamás repito pude odiar a quien tanto había querido, porque mi cariño de niña fue muy superior al daño (que tan grande fue y no quiero recordarlo) que me hizo. Así pues que si sólo esto es lo que desea para su tranquilidad, por eso me apresuro a que la tenga sabiendo está perdonado, hoy y siempre por su affa.

ARACELI CAMPOS

Y ahora venía, como en este caso constatamos, la importancia de la posdata en las cartas antiguas. Pues ella añade:

P.D.: Mañana Dios mediante o pasado lo más saldré para ésa con el fin de tomar unos baños y pasar una temporadita al lado de mis tías en Ciudad Jardín, Quinta Manzana 221.

Linares, 18-9-1928. Vale.

Para allá debió de ir mi abuelo, porque se casaron.

Ella es la única abuela que conocí y, por lo tanto, la que considero como tal. Pero no sólo era mi abuela: también era mi tía y madrina. Y digo bien. La explicación es que, aunque parezca una historia rocambolesca, ella tenía un hermano, Tomás, que se fue a estudiar a Málaga. Tomás, con los años, se casaría con Concha, la hija de él. Naturalmente, Tomás y Concha son mis padres.

Toda la vida me he beneficiado y he sufrido por ser la niña mimada de la abuela. Iba a verla mucho porque ella, enferma de reúma, nunca salía de casa. La recuerdo sentadita junto al balcón con su periódico, que lo compraba a diario, y comentándome todas las cosas, descubriendo junto a ella los acontecimientos más importantes y los más sencillos. Ella veía el mundo desde ese balcón. En Málaga lo llamamos «cierro» cuando, como en ese caso, estaba cerrado con una cristalera.

—Vente al cierro —decía mi abuela, y yo me ponía junto a ella en una silla pequeña para escucharla y disfrutar de todo lo que me iba enseñando. Sin atravesar los muros de aquella habitación, Araceli Campos tenía una percepción de la realidad que me transmitía con sus palabras cercanas y cálidas, con una sabiduría amable que tan valiosamente dejaba deslizar a su nieta para que yo fuera abriendo los ojos a tantas cosas que me iban a esperar en la vida.

—Mari Tere, vente al cierro. ¿Lo ves? Mira qué puesta de sol más hermosa.

Desde entonces, siempre que veo una puesta de sol pienso en mi abuela, en aquella mujer de la que tanto aprendí y con la que hablaba en las tardes de mi infancia. Era como si ella me pusiera delante de los cristales de un telescopio, por el que las dos nos asomábamos al mundo, y me fuera mostrando el universo que, como la hierba, crecía a lo largo de las calles, esperándome al otro lado de unos muros en los que ella había decidido instalarse para mirar desde un cierro los avatares del tiempo. A ella, que aunque no salía de casa era muy coqueta y me regalaba anillos y pulseras, le debo mi afición a las joyas.

Pero en aquella época mi auténtica pasión eran las chucherías. ¡Yo he sido la reina de las chucherías! Hasta el punto de que en una ocasión hice algo terrible. Éste es el momento de confesarlo.

Era celadora de las misiones y me encargaba de la tesorería. Me ocupaba de recoger el dinero de todos, que eran unas veinte pesetas. Iba un día con la recaudación, camino del colegio a mi casa, cuando pasé delante de una heladería italiana, La Veneciana. Quedé hipnotizada, atrapada ante aquel paisaje de colores, de montañas heladas que no podía apartar de mis ojos. ¡Fue como ponerme la tentación delante de mis narices! Tentación que no pude resistir. Fui débil, lo sé. Y allá que entré y me compré un panchito de chocolate, un delicioso helado como un huevo relleno. ¡Dios mío lo que me gustaban los helados! En Málaga estaba, y existe todavía, Casa Mira, que es el mejor sitio de la tierra y ante cuyos mostradores se me derretía la mirada. Pero La Veneciana, que también era muy buena, me cogía de paso y el panchito de chocolate me cogió, como un pecado, por el lado más frágil de mi espíritu misionero. Así que lo hice: me gasté dos cincuenta de un dinero que no era mío. Pero eso no fue lo peor. Lo peor vino al cabo de unos días: la misma tentación e idéntica flaqueza. Sí, me compré otro panchito, pegué otro sablazo a las misiones y me convertí en una reincidente. No sé si me entró mala conciencia, pero a mí me supo a gloria, para qué vamos a engañarnos. He de decir en mi descargo que en el fondo tenía la certeza de que las cinco pesetas sustraídas para saciar mi ansia de golosa compulsiva iban a ser repuestas por mi abuela. Efectivamente lo hizo. Pero, en fin, que ya apuntaba unas maneras que afortunadamente de mayor, no hace falta que lo jure, no se han vuelto a repetir. Eso sí, continúo siendo igual de golosa. Veo un croissant y se me van los ojos.

Como se puede apreciar en este relato, mis abuelos son dos figuras imprescindibles y relevantes de mi vida. Son muchas las imágenes que conservo del tiempo que pasé a su lado, muchas también las fotografías que dan testimonio de su presencia en mi niñez, como la que tengo con mi abuelo en el fútbol, en el campo de la Rosaleda, al que me llevaba en su coche de caballos. A la vuelta pasábamos por el cuartel de la Guardia Civil, en cuya fachada colgaba la bandera de España y, claro, como estábamos en plena posguerra, hacíamos algo que me impresionaba notablemente: levantarnos de los asientos, como un resorte y todos a la vez, para saludar a la bandera.

Pero antes de llegar a esa línea divisoria en el tiempo que siempre supone una guerra, mi abuelo ya había dado suficientes pruebas de su empeño empresarial, al que echó, en muchas ocasiones, fuertes dosis de imaginación. No en vano fue un pionero de la publicidad en Málaga, como lo demuestra la campaña que hizo para promocionar las alpargatas que vendía en su establecimiento y que supo poner en marcha en un momento favorable, justo cuando la población había expresado su malestar por la subida del precio del calzado. ¿Qué se le ocurrió a aquel emprendedor Juan Luque? Pues llenar de alpargatas un camión, que recorría las calles de la ciudad con un empleado que iba tirando a la gente una alpargata, ¡ojo!, sólo una de cada par, mientras, como gancho para atraer a la clientela, pregonaba a los cuatro vientos un eslogan salido de la cabeza de mi abuelo:

—¡Vaya por la compañera a los almacenes La Riojana!

También tuvo una fábrica de chocolate y hasta una tómbola gigante, la más grande de Málaga, con la que recorría los pueblos de la provincia. Pero su creación más importante, la más duradera en el tiempo, fue la que abrió en la plaza de Arriola, convenientemente anunciada en su exterior y que se convirtió en el buque insignia de su historial comercial:

GRAN ESTABLECIMIENTO
DE COLONIALES Y ULTRAMARINOS
LA RIOJANA

Una semana antes de que estallara la guerra, cuando ya el clima de tensión era patente en la calle, arrojaron al interior del comercio varias botellas inflamables. El abuelo consiguió entonces que le pusieran escolta, aunque días después la presencia del personal de seguridad desapareció de los alrededores. Llega el fatídico 18 de julio de 1936. Grupos de personas aparecen alborotando en la tienda, por lo que el abuelo manda cerrar las puertas con los clientes dentro. Al día siguiente se dijo que, desde la azotea del edificio, elementos de Falange habían tiroteado la Casa del Pueblo y que Juan Luque era uno de ellos. Sin embargo, mi abuelo estaba en su casa de la calle de Cisneros y apartado de su establecimiento, ya que la violencia desatada en la ciudad le hizo no abrir al público. De hecho el local, como otros muchos de la zona, fue incendiado y de entre sus escombros sólo se pudo rescatar la póliza del seguro.

Estaba claro de qué lado se encontraba mi abuelo: él iba con los «nacionales». Incluso en alguna ocasión ha contado que los milicianos se lo llevaron junto a otro grupo de personas y que después de seis horas, en que ya pensaba que se acercaba el final de sus días en un pelotón de fusilamiento, los dejaron salir a todos con vida. Él no se achicó pese a la situación de enfrentamiento civil y decidió abrir la tienda en el piso. Eso no quiere decir que no viviera con temor lo que estaba pasando. De hecho, en la familia siempre se recuerda que en tres ocasiones mi abuelo vivió momentos de verdadero peligro, momentos en que los del bando contrario se lo llevaron, o pretendieron hacerlo, con bastantes posibilidades de no volver jamás. Pero se libró. Una vez porque le dijo a su mujer que invitara a comer a quien quería detenerle. Tras llenar bien el estómago, los que iban a ser sus justicieros marcharon sin tocarle. Otro día le salvó la presencia de un sargento de carabineros que, al llegar los milicianos, les dijo que Juan Luque era uno de ellos. Y la tercera liberación le llegó en forma de una bomba que, aunque causó varios muertos, para él resultó providencial, pues asustó a quienes iban a capturarle.

La guerra terminó y el abuelo volvió a abrir, con todo su esplendor, los almacenes de coloniales y ultramarinos La Riojana. Allí, con la Navidad, entraba por la puerta la locura de las compras y la alegría de mi infancia. Las ventas del día de Nochebuena ascendían a ciento cincuenta mil pesetas, y las de la semana anterior a cien mil. Hablo, naturalmente, de dinero de finales de los años cuarenta. Aquella avalancha de público obligaba a que toda la familia echara una mano. Incluso a mí, que era una niña muy pequeña, me ponían en el escaparate a llenar bolsas de caramelos. ¡Era mi felicidad! Allí descubrí una vocación que nunca he desarrollado y que, sin embargo, me sigue gustando: siempre he querido ser dependienta. Entonces, como tenía tan pocos años, no me dejaban hacerlo. Pero la afición nació allí, con mi abuelo Juan Luque, singular comerciante, y mi abuela, una mujer por la que me he sentido tan querida. No obstante, ella era muy poco diplomática. Aunque yo, lógicamente, no lo pueda recordar, lo dejó patente el mismo día de mi bautizo, ya que, como queda dicho, era también mi madrina. Cuando a la puerta de la iglesia de Tetuán el cura le preguntó por qué me ponían el nombre de Teresita del Niño Jesús, la santa francesa, y no el de la española, mi abuela fue tajante:

—Porque su madre quiere que le pongan ese nombre. Y porque tan santa es la una como la otra.

El cura la miró y, ante semejantes argumentos, no tuvo más remedio que asentir.

—Tiene razón, señora…

Yo nací en Tetuán por casualidad. Pero, para explicar esto, tengo que contar la historia de mis padres. Al principio, ella no se sentía atraída por él. Hay que recordar que mi madre tuvo una infancia difícil: siendo la mayor de ocho hermanos, mi abuela se murió cuando ella tenía trece años y a los quince ya le tocó vivir uno de los períodos de ruina de mi abuelo. Sus estudios le permitieron colocarse como secretaria de dirección en Cajas y Estuches. Con su sueldo, en aquella época, salieron prácticamente adelante. Así pues, su adolescencia fue triste. No había vivido con normalidad esos años irrecuperables, maravillosos, que parecen estar destinados a apurar los días a borbotones, a dejarte llevar por una especie de locura juvenil en la que no existen responsabilidades importantes, compromisos inaplazables, sino tan sólo una brisa despreocupada soplando sobre tus hombros, un zumbido festivo revoloteando sobre tu cabeza, como una verbena de agosto, como un sueño al que es necesario aferrarse porque sabes que al otro lado de sus muros está el territorio aún lejano de los adultos. No fue su caso. Su mundo se reducía a ir de casa al trabajo y viceversa, a un espacio demasiado pequeño, excesivamente corto, despoblado de grandes emociones y sorpresas. A esto hay que añadir que su padre era un hombre bastante severo con sus hijos. Por lo tanto, mi madre se hizo mayor antes de tiempo; una madurez prematura, obligada por las circunstancias de unos años adversos, de una situación familiar poco favorable para disfrutar de las cosas propias de la edad. De las cosas que, seguramente en secreto, deseaba.

En esas condiciones llega a vivir a su casa el hermano de su madrastra: mi padre. Había ido a Málaga a estudiar y se quedó prendado de aquella guapísima mujer. Los intentos de mi padre por cortejarla resultaron infructuosos. No había respuesta a su demanda. Él insistió durante algún tiempo, pero ella se limitaba a darle calabazas. Así estuvieron las cosas hasta que mi padre termina las oposiciones y lo destinan a Marruecos. Este hecho sería trascendental en sus vidas. Cuando él estaba ya haciendo el equipaje, preparando el viaje que le iba a separar de la mujer a la que amaba sin éxito, sin esperanza, desconociendo el tiempo que iba a pasar hasta un próximo encuentro y si ella estaría allí al regreso, sola, como ahora, entonces, justo en ese instante, mi madre reacciona y piensa que se va a perder a un ser humano noble y bueno, que ese hombre, a punto de cerrar una maleta, está cerrando de alguna manera también su futuro. Es posible que además viera la posibilidad de salir de su casa, de enrolarse en la aventura del matrimonio y emprender una nueva vida. Ese panorama tan distinto, seguramente mejor que la realidad gris, estrecha y apagada de lo que por entonces eran sus días, le hizo detenerse y comprender que si decía adiós para siempre a aquel joven, que en unos minutos iba a estar sobre la cubierta de un barco rumbo a Marruecos, probablemente se estaba condenando a sí misma. Ese u otros motivos la impulsaron a coger una foto suya y a meterla, como un mensaje oculto que sólo el destinatario puede descifrar, entre los pisos de la tarta de algodón y franela de las camisas y los pantalones que mi padre iba a llevar en su viaje. Cuando él llegó a Tetuán y vio el retrato, entendió que se trataba de una señal. Lo era.

A partir de ahí comienzan a escribirse. De esa forma epistolar arranca su noviazgo, diciéndose las palabras que antes, cuando vivían bajo el mismo techo, mi madre le había negado. Se casaron en la iglesia de Santo Domingo de Málaga en octubre de 1931. Después de pasar la noche de bodas en un hotel de la calle de Larios, salieron para Tetuán, entonces bajo el protectorado español. Pese a las dificultades económicas del principio, mi padre viviría allí los ocho años más felices de su vida. En Tetuán nacimos mi hermano Paco y yo. El mayor, Juan, lo hizo en Málaga.

Siempre he tenido la sensación de que mi padre estaba enamorado de mi madre, pero no ella de él. Nunca he visto hacerle un cariño a su marido. Jamás. Si él iniciaba un gesto de acercamiento, una de esas carantoñas habituales en cualquier pareja, la respuesta de mi madre se repetía una y otra vez:

—¡Qué hombre más pesado!

Esa postura distante, que esquivaba los intentos de proximidad de mi padre, fue depositando posiblemente en él un cúmulo de agravios. Si las cosas se ponían torcidas, se pasaba quince días sin dirigirle a ella la palabra. Quince días de silencio, sólo roto por los ruidos domésticos de una puerta o un grifo, hasta que de pronto, de la noche a la mañana, veías que la situación se arreglaba y volvían al habitual tono cotidiano. Pese a todo, he de subrayar que mi madre fue con mi padre de una abnegación tremenda hasta la muerte de él con ochenta y siete años. Al ocurrir ese desenlace pensé que para ella sería una liberación, pues él llevaba mucho tiempo enfermo. Muy al contrario: jamás se repuso de la pérdida de su compañero durante más de sesenta años. Un tiempo largo de trabajo en común, de sacrificios por los hijos... ¡Si eso no es amor!

En cuanto a mi padre, es el único hombre por el que pongo la mano en el fuego de haber sido fiel a su mujer. Era bueno en el sentido total y machadiano de la palabra; bueno sin fisuras, sin sospechas, sin sombras. Aunque los dos eran personas de ir a misa, mi madre, que tenía un director espiritual, solía confesarse más a menudo. Él lo hacía sólo una vez al año, en Semana Santa, por Pascua florida.

—Tomás, tienes que ir a confesarte —le decía ella.

—Voy porque tú me lo dices. Pero yo, desde luego, pecados no tengo —respondía mi padre.

La verdad es que tenía razón. No se le conoció ninguna miseria, ningún acto indigno, ningún paso en falso ni mezquindad alguna hasta su fallecimiento en el año 1995. Los dos poseían ese concepto, tan en desuso, de entrega absoluta hacia los demás, de vivir para los otros, en este caso para sus hijos. Ambos tenían una filosofía sencilla: el trabajo bien hecho para que a nosotros, que éramos seis hermanos, no nos faltara de nada y pudiéramos estudiar en los mejores colegios. Me imagino el esfuerzo de los dos en fechas como el día de Reyes, intentando que los seis hijos tuviéramos los mejores regalos del mundo, haciendo juegos malabares con el dinero para que no notáramos la escasez, tan característica de la época, y nos sintiéramos los niños más felices de la tierra. Lo consiguieron.

El negocio que mi padre puso de regreso a Málaga, un laboratorio farmacéutico, no daba para muchas alegrías. Estaba situado en la planta baja y nosotros vivíamos en el segundo piso. Mi padre era un hombre muy tranquilo y escrupuloso. Era exquisito en cuestiones de asepsia. Estaba constantemente lavándose las manos, con lo cual tenía el trabajo más indicado, porque los medicamentos que salían de aquel laboratorio difícilmente podrían tener problemas de ese tipo. Como disponía de autoclave para esterilizar las cosas, cuando entraba en casa nosotros decíamos que mi padre venía esterilizado. Si no llegabas a tiempo de pedirle dinero para ir al cine y él ya estaba sentado a la mesa, te podías olvidar del tema: no iba a meter la mano en el bolsillo para tocar la cartera. ¡Y para qué queríamos más si le decías «papá, lo cojo yo» y, al tirar, la cartera se caía al suelo! Te podías morir porque había dado contra el piso.

Mi madre era una ama de casa maravillosa, pero no al uso y en el sentido de como se interpretaba en aquellos tiempos. Como tenía la ayuda de las empleadas del hogar, en cuanto organizaba la compra y demás intendencia bajaba junto a mi padre. Toda la vida ha sido ella quien le ha llevado el despacho, haciéndolo con un rigor y una eficacia envidiables. Escribía a taquigrafía a una velocidad de vértigo, era la secretaria perfecta, la contable puntillosa que no pasaba por alto ningún detalle. Seguramente esto los unió mucho, el ser matrimonio y compañeros de trabajo, algo inusual en esos años. Pero, a la vez, reproducían el modelo convencional. Quizá por ese motivo mi madre ha dicho toda su vida que quería ser hombre. Y posiblemente como contestación a lo que siempre le he oído decir, yo no lo he querido ser nunca. En absoluto. Ni ahora ni antes, en unos tiempos en que las diferencias eran más abismales y el machismo campaba a su libre albedrío. He aspirado a tener —y tengo— las mismas libertades y derechos que el hombre, pero siendo mujer. Aunque mi madre era apostólica, romana y esas cosas, también era muy reivindicativa, con una visión distinta de la de otras mujeres de su época con la misma educación. Conocía, por experiencia propia, la injusticia de la desigualdad.

Su trabajo con mi padre jamás estuvo recompensado con un sueldo ni fue dada de alta en la Seguridad Social. No le quedó, por lo tanto, ninguna pensión después de tantos años de vida laboral en Cajas y Estuches primero y al lado de su marido más adelante. Las cosas estaban claras: el dueño del dinero era mi padre. Él le entregaba una cantidad para la casa y si luego necesitaba más tenía que hacer encaje de bolillos con el presupuesto. Mi madre reaccionaba contra esa injusticia. Lo llevaba muy mal y adoptaba una postura que otras, supongo, ni se planteaban.

Las Luque, que eran cinco hermanas (además de mi madre, mis tías, que tanto significan para mí: Araceli, Amparo, Lola y la monja, Mari Pepa), siempre han mandado mucho. También a mí me dicen que me gusta controlarlo todo. Debe de venirme de ahí, de esas Luque de fuerte carácter que procuraban que no se les escapara nada. Claro que, a la hora de las grandes decisiones, era el hombre el que llevaba la batuta. Lo cierto es que con ese caldo de cultivo de mi madre y mis tías he mamado un poco de feminismo en mi casa. Pero he visto igualmente en mi madre actitudes de evidente e innegable machismo.

En días especiales, como Nochebuena, recuerdo cómo repartía mi madre las raciones de pavo. Era todo un rito. Sabías de antemano cómo se iba a distribuir aquel manjar: los mejores trozos, y siguiendo un orden casi marcial, eran para ellos; es decir, para mi padre y mis hermanos. Después nos servía a nosotras y, por último, eso sí, llevándose la peor parte del pavo, lo hacía ella. En esa cultura machista —«niña, levántate a traerle un vaso de agua a tu hermano»— crecí, educada para reproducir unos modelos tan alejados de los que después regirían mi vida.

Éramos una familia muy unida. He tenido unos padres maravillosos, pero con los que he hablado muy poco. Pertenezco a esa generación en la que a los padres se les tenía un gran respeto y a los niños no se les daban explicaciones. En seguida escuchabas la famosa coletilla:

—Cuidado, hay ropa tendida.

Ésa eras tú. No dejaba de ser humillante, porque, con esa frase, lo que estaban haciendo era considerarte un ser inferior. ¡Y no digamos si hacías preguntas sobre determinados temas!

—Eso son cosas de mayores.

Y quedaba zanjada la cuestión. Así, sin más, cortando de cuajo cualquier razonamiento lógico y sensato, dinamitando el menor atisbo de comunicación, de aprender algo de los adultos; algo que algún día también tú ibas a conocer. Por eso discrepo cuando hoy escucho a alguien decir que los niños se comunicaban antes más con sus padres. No estoy de acuerdo. Como mínimo se relacionaban lo mismo. Pienso que el trato es ahora de más confianza, de mayor implicación. Ves a un padre paseando con su hijo pequeño por un parque, y eso antes era impensable. Yo me crié en el secretismo, en la norma de que cuando los mayores hablan los niños callan. A igualdad de clase social, los niños salían antes más con las niñeras que con su madre. No mitifiquemos, por lo tanto, lo que nunca existió.

He vivido tres partos en mi casa, porque entonces no se iba al hospital. Aquello era un gran enigma, el mayor de los misterios, un pergamino custodiado bajo siete llaves que albergaba el código indescifrable de lo prohibido. Era como el laberinto en el que no te podías adentrar, una maraña de pasillos que conducían a una cripta, y allí, vigilado por guardias feroces y leones salvajes, alguien había escrito lo que tú, bajo ningún concepto, bajo ningún pretexto, podías leer. Bueno, en realidad era bastante ridículo, para qué nos vamos a engañar. A ver si no cómo justificabas que tu madre diera a luz en casa; te quitaban de en medio y cuando volvías aparecía un niño. Así, por arte de magia. El niño, por supuesto, lo había traído la cigüeña. ¡Y había que creérselo!

Cuando nació mi hermano Tomás, yo tenía ocho años y me quedó grabada una imagen: un trasiego de mujeres corriendo, aceleradas, murmurando entre sí en voz baja, con unos delantales blancos, inmaculados, que les llegaban hasta los pies y llevando recipientes con mucha agua caliente. Durante años me pregunté por qué sucedía eso, por qué necesitaban esas grandes cantidades de agua si a mi hermano Tomás lo había traído la cigüeña. Esos interrogantes me los tragaba con el mismo mutismo con el que me tragaba la saliva: eran cosas que los niños de entonces no podíamos preguntar. Tampoco los momentos de afecto eran muy visibles. Los padres, por ejemplo, no se daban un beso en la boca delante de sus hijos. Y lo más que alcanzabas a ver era a tu padre en calzoncillos y camiseta.

En ese clima fui creciendo, rodeada al principio de mis hermanos varones, por lo que mis primeras lecturas fueron tebeos como *El Guerrero del Antifaz*, *Roberto Alcázar y Pedrín* y alguno de policías y ladrones. Me subyugaban aquellas historias de luchadores, de héroes, de hombres buenos que buscaban a otros que habían cometido asesinatos terribles, que se enfrentaban a la noche, a las emboscadas del enemigo, al frío, a la sed o a una trampa, pero que seguían la pista de los malos sin ceder jamás al desaliento, y tú intuías que al final, después de un combate, de una pelea cuerpo a cuerpo, el protagonista, que además era guapo y rubio, lograría poner el pie encima del estómago o de la crisma del malvado, mientras éste se retorcía en el suelo como una gallina estrepitosa, con sus colmillos sucios, manchados por el tabaco o por el veneno de sus sentimientos.

Uno de mis recuerdos de infancia fue cuando mi hermano Tomás, recién nacido, se puso muy enfermo. Me acerqué a su cunita, le toqué con suavidad una mano y de repente empezó a temblar y se le quedaron los ojos vueltos porque le había dado un ataque de eclampsia, algo que hacía subir mucho la fiebre. Por supuesto que eso no tuvo nada que ver con que le tocara, pero me destrozó y se me ha quedado clavado para siempre. También recuerdo que mi madre tuvo el tifus y me mandaron con una tía mía al campo, al Camino de Antequera, para alejarme de ella. Allí fui por primera vez a la escuela, donde me pasaba el día haciendo palotes. A veces me llevaban a ver a mi madre y guardo en la memoria su imagen postrada en la cama, peinada con dos trenzas, bellísima, con una sonrisa helada, como de estatua, en la penumbra. No sé si lo he magnificado en mi cabeza, si al mirar hacia atrás los paisajes y las personas adquieren un manto borroso, un brillo satinado de decorado de ópera y entonces dudas si realmente ocurrieron esos sucesos, si estabas allí en ese momento y si las caras, los andares, las voces de quienes te acompañaban eran tal y como el presente te los arroja ahora a los pies o si, por el contrario, nunca has estado allí, nunca has visto esos rostros e intercambiado palabra alguna con esos extraños que, como fantasmas, crees ver por la ventanilla de tu coche mientras esperas que el semáforo se ponga en verde. En uno de esos sueños, o de esas realidades, vi a alguien a los pies de mi cama, vestido con una especie de túnica, como si fuera un ángel. ¡Lo veía, lo veía, lo veía...! Pero a lo mejor se trataba, simplemente, de una alucinación. Lo que sí pido, por favor, es una cosa: ¡que no aparezca más!

Así era yo en mi infancia. Una niña superprotegida por mi madre, apartada por ella de todo lo que pudiera hacerme daño o sobresaltarme. Ya de adolescente, si alguien moría, ella se apresuraba a decir algo que resume el carácter de mis primeros años:

—No, la niña que no vaya, que se impresiona mucho.

En el colegio tenía una compañera que se llamaba Isabelita Capdevilla. En los recreos me daba pastillas de chocolate con leche, porque en la tienda de mi abuelo sólo había chocolate negro. Cuando yo tenía trece años, de pronto, Isabelita enfermó de leucemia y fui a verla. Me quedé tranquila, porque tenía un único pensamiento:

—¡Qué tontería, cómo se va a morir!

Pero Isabelita se murió. Nos llevaron a su casa, nos pusieron de rodillas a rezar el rosario delante del cadáver y, en un momento dado, casi me desmayo. Como la vivienda estaba delante del Paseo Marítimo y se oían las olas del mar, al percibir ese sonido yo pensaba que se trataba de algo raro, un aviso de ultratumba o algo así. Era la primera vez que veía a una persona muerta. La recuerdo por el terror que me causó y por la idea que suponía de la muerte. Me entró tal ataque que tuvieron que darme agua de azahar, porque en cualquier momento me podía caer al suelo. No era una cosa física: era una crisis de pánico.

Queda patente que siempre he sido muy miedosa, como también ya he dicho que la gente tiene de mí la idea de una mujer fuerte. La realidad es todo lo contrario: he sido muy vulnerable. Pero, quizá por la ley de la compensación, tenía una arma para defenderme, algo que equilibraba mi personalidad asustadiza, mi carencia de dotes de líder, como tenían mi prima Leli y mi amiga Trini: modestia aparte, era un coquito en lo que se refiere a capacidades, inteligencia, aptitudes y todas esas cosas. Lo demostré ya en los colegios de monjas a los que fui en mi infancia. En uno de ellos, el de la Presentación, donde llegué con cinco años, estábamos las de pago y las otras; o sea, las que las propias monjas llamaban «las pobres», y no nos dejaban relacionarnos con ellas. Aquello era así de cristiano...

Con siete años era una niña muy pálida y delgadita que comía mal. Me llevaron entonces al colegio del Monte, un sitio bastante pijo, para que me diera el sol. Pero la comida de ese centro es una de las cosas que con más horror recuerdo de mi infancia: ¡un cucharón de garbanzos secos, lentejas o una pescadilla enroscada repugnante! Recuerdo que el primer día, al pasar lista y decir «Campos Luque, Teresita», respondí:

—Servidora —que era lo que me habían enseñado en el colegio anterior.

En éste tenían otro sistema, porque la monja se puso hecha un basilisco:

—¡Niña, servidora no se dice! ¡Eso lo dicen en los colegios de niñas pobres!

—¿Y qué debo contestar?

—¡Ave María!

¡Ah!, al cuarto de baño allí también lo llamaban de otra manera: el gabinete. ¿Se puede ser más cursi?

Después me pasaron a las Teresianas, que eran mucho más modernas, y permanecí allí hasta el bachillerato. En este colegio, cuando decían «Campos Luque, Teresita», no había que responder ni «servidora» ni «ave María». La contestación correcta era otra:

—¡Viva Jesús!

Parece que todavía lo estoy oyendo; lo siento como un eco que viene del pasado, porque la infancia tiene la poderosa virtud de conservar las palabras con una paciencia de numismático y una precisión de tirador de arco. Una de esas frases que se han quedado ahí, cabalgando por el desfiladero de la memoria, expresa la situación de austeridad de aquella posguerra:

—Este traje es nuevo del año pasado.

Cada año había una cosa, sólo una, nueva: un año tocaba el abrigo y al siguiente no. Pero en el fondo yo era una afortunada: como todos los demás eran niños, no heredaba la ropa de mis hermanos. Nunca me he tenido que poner nada de nadie. Ni de Sara Montiel... Tengo un recuerdo tristísimo del día de la Purísima, en que, con doce años, estrené de todo: un trajecito rojo de pana precioso, los calcetines, las braguitas y los zapatos, que eran de suela de tocino, lo último entonces, y salí de mi casa —siempre iba enloquecida— bajando los escalones de cuatro en cuatro. En ese instante estaban fregando el suelo del portal, que era de mármol blanco de casa antigua, uno de esos suelos como de pista de baile, pulcro, gastado por el uso y digno por el esmero con el que, como una porcelana valiosa, lo mimaban para que las visitas y los vecinos lo encontráramos brillante hasta en la línea en que las losetas se juntaban en un beso frío de cemento. Con la precipitación pegué tal salto que me metí en el cubo de agua y jabón. ¡Era mi primer traje de la temporada! Lloré todo el día sin consuelo.

El disgusto debió de durarme hasta el día siguiente al llegar al colegio, donde experimentaba el miedo a las notas, al suspenso. Tenía pavor a que me preguntaran algo y no saber la respuesta, pánico a que me riñeran en casa, aunque mis padres no eran muy severos. Con las notas cumplía. Y algo más, porque me destacaban en fechas señaladas, como el domingo de Ramos, para leer el evangelio, que es larguísimo, pero que me sabía de memoria.

En los primeros años de bachillerato no estudiaba en casa. Lo hacía en el recreo o en la fila antes de entrar en clase. Echaba un vistazo a los temas y luego los clavaba, porque tenía buena memoria. Era, para entendernos, un poco la lista. En aquella aula estaba de alguna manera mi zona de seguridad, protegida por el flanco de madera vieja de los pupitres, el crucifijo escalando una pared alta y desgarbada, la pizarra en la que dibujábamos la tierra y esculpíamos con tiza la lista interminable de los reyes godos. Pese a su textura de santuario abandonado, de grandeza marchita, de caserón tambaleante y ruinoso como un mendigo de ciudad, a mí me resultaba un lugar cálido y acogedor, quizá porque, como una candileja a un cómico, iluminaba mis mejores ceremonias infantiles.

A los cinco años leía el periódico de corrido, sin parpadear, y cuando llegaban las visitas en Semana Santa, mi abuelo, para demostrar a los demás que su nieta era un pequeño portento, decía que me dieran el periódico y yo lo devoraba en voz alta como un papagayo.

Para mí, la niñez en aquella época es eso: la Semana Santa. Ahí, mucho más que en la feria, es donde yo siento Málaga. Recientemente, en un programa de radio dije que no comprendía ese gusto de los valencianos por la pólvora. Llamó un oyente y me lo explicó:

—Yo huelo a pólvora y se me saltan las lágrimas.

Pues yo digo que escucho un tambor de Semana Santa y también se me saltan las lágrimas. En ese sonido sobrecogedor que parte el aire en dos como el cuchillo de Salomón, en las procesiones, en la atmósfera impregnada de nazarenos, mantos bañados de purpurina, velones ardiendo, vírgenes con corona, jesucristos con la cabeza ladeada supurando un caudal de sangre congelada, en el color malva y en el olor a incienso, en la inmensidad de una saeta arrojada desde un balcón como una flor bella y triste, ahí, en ese lienzo repujado que cruza las calles a paso lento y fatigado, está mi infancia.

¡Ah!, y mi infancia está, además, en algo que desconoce el lirismo y la hondura de las grandes obras: los orzuelos. Tenía muchos. Me salían en los días especiales, como el domingo de Ramos —«al que no estrena se le caen las manos»—. En los momentos más inoportunos aparecía el implacable orzuelo. Un motivo más por el que seguramente me tenía que haber sentido acomplejada. Pero, a los catorce años, los orzuelos desaparecieron por completo de mi vida. A esa edad me puse, para qué lo vamos a negar, bastante mona. Empecé a saber lo que era gustar. Y gustar, sobre todo, a un género que ya comenzaba a interesarme: el género masculino.

Primeros novios... Primera radio

Había colegios de chicos y de chicas. No obstante, la llamémosla curiosidad ya empezaba a despertarse entre nosotros. A partir de tercero de bachillerato los del colegio de los Agustinos iban a la puerta de las Teresianas, que era donde yo estudiaba. Había un cruce de miradas, sonrisitas y, en fin, ese juego inocentón y absolutamente infantil con el que comenzábamos a fijarnos los unos en los otros. Se acercaban sólo para mirar. Nosotras elegíamos, también con la mirada, el que nos gustaba. Si alguno nos hablaba salíamos corriendo. Pero de mezclarnos, nada. ¡Lo que podían decir de ti si te habían visto sola con un niño! Lo mixto no había hecho su aparición dentro de las aulas ni fuera de ellas. Salíamos, pues, por separado, cada grupo a lo suyo, con recorridos distintos y sin coincidir nunca en el mismo espacio.

Así, hasta los catorce años, en que, para entendernos, entrábamos en una nueva era: la de las pandillas. Aquello ya era otra cosa. Aquello se intuía más… más interesante. Era el inicio de la relación de los chicos y las chicas. Nos cruzábamos con ellos en la calle de Larios, nos acompañaban y, en un momento del recorrido, ya formábamos un mismo grupo. Al final de esas tardes, en aquel tiempo en que la vida estaba por llegar, había un lugar de encuentro, una especie de territorio común, en el que acababan las parejas: el parque. A esa hora ya estaba oscurito y acudíamos allí a escondernos, porque hasta que no tenías novio formal no podías ir de la mano. En el parque, en sus bancos de piedra, al abrigo de los árboles y las enredaderas de rosales, estábamos iniciando, quizá sin saberlo, el camino de los sentimientos, de los primeros escarceos amorosos. Eso sí, una cosa era ir al parque y otra a Puerta Oscura o al morro del puerto: eso ya era de frescas.

En la pandilla de los chicos había uno que destacaba. Y destacaba, claro, por guapo. Ni que decir tiene que el muchacho, Ignacio, tenía éxito entre nosotras. Nos gustaba a todas. Pero me lo llevé yo. Así, de una manera bastante precoz, me eché novio. Tenía catorce años y estaba encantada con aquella joyita. Me desaparecieron los orzuelos, muchos miedos y bastantes tonterías. No tuve tiempo de traumatizarme. Había, sin embargo, un problema: estaba enamoradísima, pero tenía muy poca idea de los hombres. ¡Poquísima! ¿Cómo la iba a tener si entonces no existía la educación sexual? Allí me ves a mí, perdida, despistada en aquel mundo que acababa de estrenar, confusa con la situación y totalmente inexperta para hacer frente a la aventura más excitante de la adolescencia. Recuerdo los Baños del Carmen, que era un balneario con dos departamentos: uno para las señoras y otro para los caballeros. Cruzar aquella frontera suponía —como tantas otras cosas en esos tiempos— caer en los brazos del demonio. O sea, si te bañabas en el departamento de los hombres eras, claramente, una fresca.

Pero incluso el departamento de mujeres tenía sus propias normas, sus espacios marcados y definidos, muy bien definidos. Existía una zona reservada como *solarium* en la que un grupo de bañistas tomaban el sol «enseñándolo todo». Esas eran, por supuesto, unas putas.

Con tanta división, para poder estar con mi novio la única manera de tener un momento de intimidad era meterme en el agua, alejarme de la orilla, hasta encontrarme con él. Y allí, mar adentro, Ignacio se convertía en un pulpo.

La primera vez que había oído hablar de sexo fue a una prima mayor.

—¿Tú sabes lo que hacen los novios?

—No.

—Pues ella le toca a él su cosa con un trapito.

Callé, pero ya entonces me pareció una gilipollez. Nunca me creí semejante bobada. También es verdad que mi información sexual era inexistente. Ya he dicho que nuestros padres no se daban un beso en la boca en nuestra presencia. Por eso, cuando empecé mi relación con Ignacio, creía que los besos en la boca se daban en las películas. Como tantas cosas, pensaba que aquellos arrebatos de pasión, el sudor de una piel que nota la llegada de unos labios a punto de abrirse como una nuez, el pliegue de una ceja en el momento de rozar un sabor ajeno, la subida ralentizada de pómulos, la mano que sujeta una nuca para contener en el paladar el zumo de un fuego alimentado por el instinto..., todo eso para mí estaba en el cine, cuando los cines, como el Goya, el Echegaray o el Principal, eran lugares enormes con olor a perfume barato. Todavía no se habían inventado esas salas de ahora, pequeñas, manejadas por un ordenador, abiertas en centros comerciales en los que las estrellas tienen que hacerse un hueco entre una cadena de electrodomésticos, las ofertas de una tienda de albornoces y la bruma espesa de una hamburguesería. Entonces, no: los cines eran como palacios de mentira a los que les ponían co-

Mi abuela Araceli. En realidad, segunda mujer de mi abuelo y hermana de mi padre. O sea, mi tía (¡vaya lío!). La única abuela que conocí y quise.

Mi abuelo Juan Luque. El patriarca de la familia, de quien heredé la constancia para volver a empezar.

Mi abuelo paterno, Francisco Campos, a quien no conocí.

Mi padre.

Mi madre.

Mi madre y mis dos hermanos mayores: Paco —ya fallecido— y Juan, el mayor y autor de «Historia de mi abuelo».

Un anuncio, conservado por mi hermano Juan, de la antigua La Riojana.

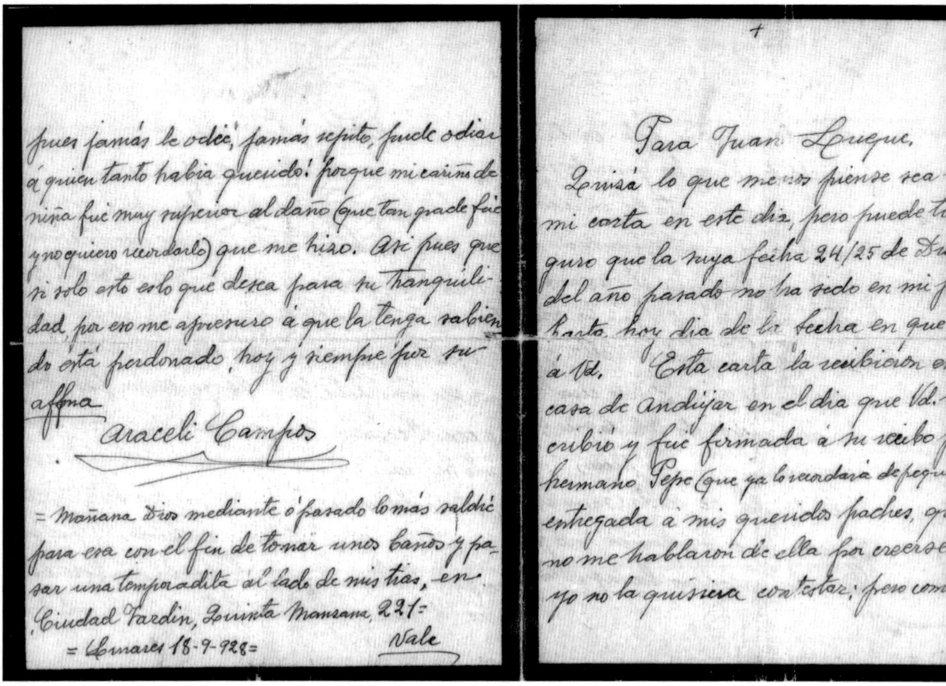

pues jamás le odié, jamás repito, pude odiar
á quien tanto había querido! porque mi cariño de
niña fué muy superior al daño (que tan grade fué
y no quiero recordarlo) que me hizo. Así pues que
si solo esto es lo que desea para su tranquili-
dad por eso me apresuro á que la tenga sabien-
do está perdonado, hoy y siempre por su
affma
Araceli Campos

= Mañana Dios mediante ó pasado lo más saldré
para esa con el fin de tomar unos baños y pa-
sar una temporadita al lado de mis tias, -en-
Ciudad Jardin, Quinta Manzana, 22 (=
= Linares 18-9-928= Vale

+
Para Juan Luque,
Quizá lo que menos piense sea
mi carta en este dia, pero puede te
guro que la suya fecha 24/25 de Di
del año pasado no ha sido en mi p
hasta hoy dia de la fecha en que
á Vd. Esta carta la recibieron en
casa de Andujar en el dia que Vd.
cribió y fué firmada á su recibo p
hermano Pepe (que ya lo recordará de peque
entregada á mis queridos padres, qu
no me hablaron de ella por creerse
yo no la quisiera contestar; pero com

Carta de la abuela Araceli. Respuesta a la que escondió su padre durante un año y que le envió el abuelo Juan al quedarse viudo.

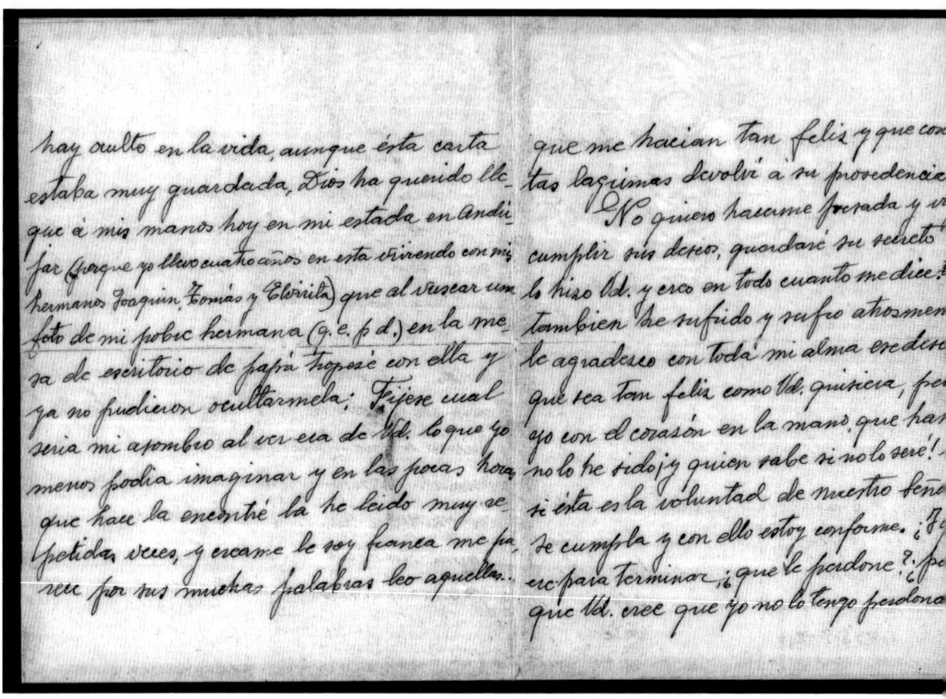

hay oculto en la vida, aunque ésta carta
estaba muy guardada, Dios ha querido lle-
gue á mis manos hoy en mi estada en Andu-
jar (porque yo llevo cuatro años en esta viviendo con mis
hermanos Joaquin, Tomás y Elvirita) que al buscar una
foto de mi pobre hermana (q. e. p. d.) en la me-
sa de escritorio de papá tropecé con ella y
ya no pudieron ocultarmela; Fijese cual
sería mi asombro al ver esa de Vd. lo que yo
menos podia imaginar y en las pocas horas
que hace la encontré la he leido muy re-
petidas veces, y creame le soy franca me pa-
rece por sus muchas palabras leo aquellas..

que me hacian tan feliz y que con
tas lagrimas devolví á su provedencia
No quiero hacerme pesada y
cumplir sus deseos, guardaré su secreto
lo hizo Vd. y creo en todo cuanto me dice
tambien he sufrido y sufro atrozmen
le agradesco con toda mi alma ese des
que sea tam feliz como Vd. quisiera, per
yo con el corazón en la mano, que has
no lo he sido, y quien sabe si no lo seré! -
si ésta es la voluntad de nuestro Seño
se cumpla y con ello estoy conforme. ¿Y
ere para terminar ¿que le perdone? ¿pe
que Vd. cree que yo no lo tengo perdona

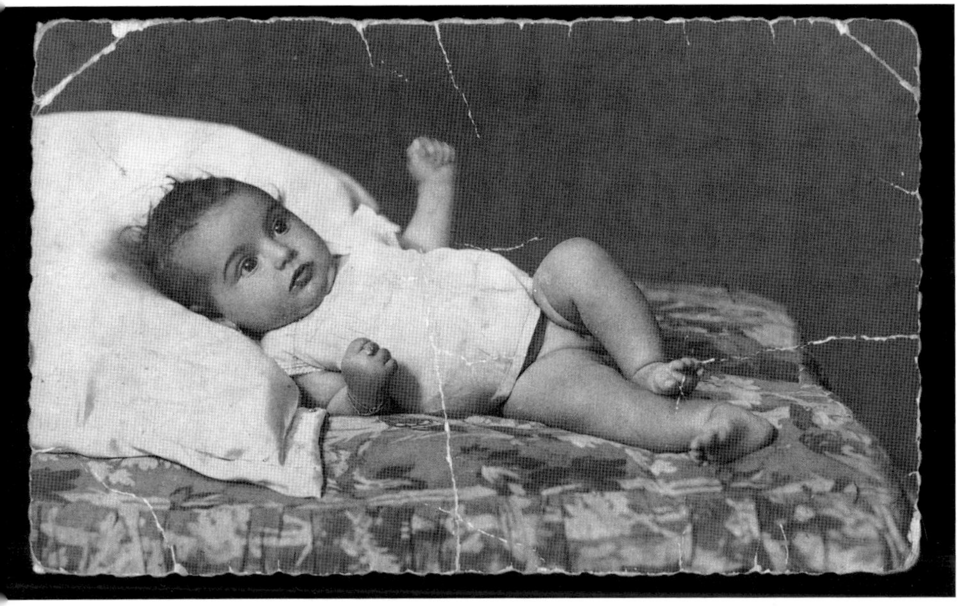

Éste es mi primer desnudo. El segundo todavía no me lo han pedido.

Aquí me bautizaron. Foto enviada por una espectadora del programa de Tetuán.

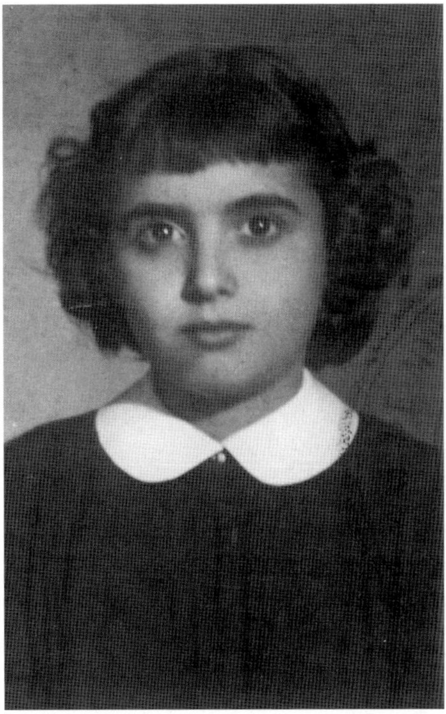

A los diez años con el uniforme del Colegio de las Teresianas. Con cuello duro (¿lo recuerdan?).

Seis añitos y con el peinado de las dos cocas. Creo que aquí me parezco mucho a Terelu.

Siempre juntas y vestidas iguales. Leli y yo de Primera Comunión.

Una excursión del «cole». Con la directora y algunas de mis mejores amigas. Soy la segunda de arriba por la derecha.

Trini, mi prima Leli y yo. Inseparables.

Una de mis primeras fotos en la radio. Con mi hermano Paco, que me abrió el camino.

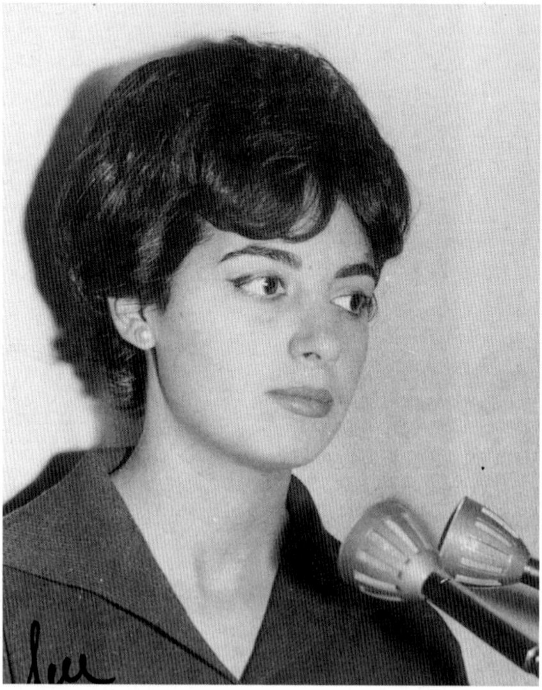

Foto para dar autógrafos. La primera de las muchas que en mi vida me haría para los que me quieren.

Con 17 años me subo a un escenario por primera vez. Con mi compañero de la radio Domingo Mérida.

La boda. En el Sagrario de la Catedral de Málaga.

Embarazada de Terelu, con mi compañero y pareja profesional durante años, Diego Gómez, y Pepa Flores, Marisol.

Mi debut teatral en el Teatro Ara
de Málaga. Se puso el cartel
de «No quedan localidades».

En escena con Diego Gómez.

Mis hermanas Concha y Leli. Poco después Leli caería en la anorexia. Hoy es una estupenda actriz. Concha es catedrática de Historia Económica.

Terelu y Carmen en su primer «cole».

Terelu con su Segundo Premio del Certamen de Pintura. Tras ella, el cuadro premiado: «Mi madre». Ésa soy yo en el escenario.

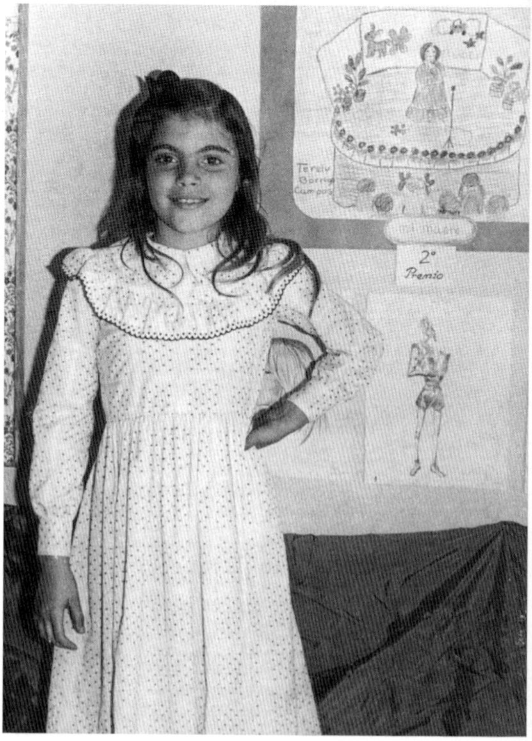

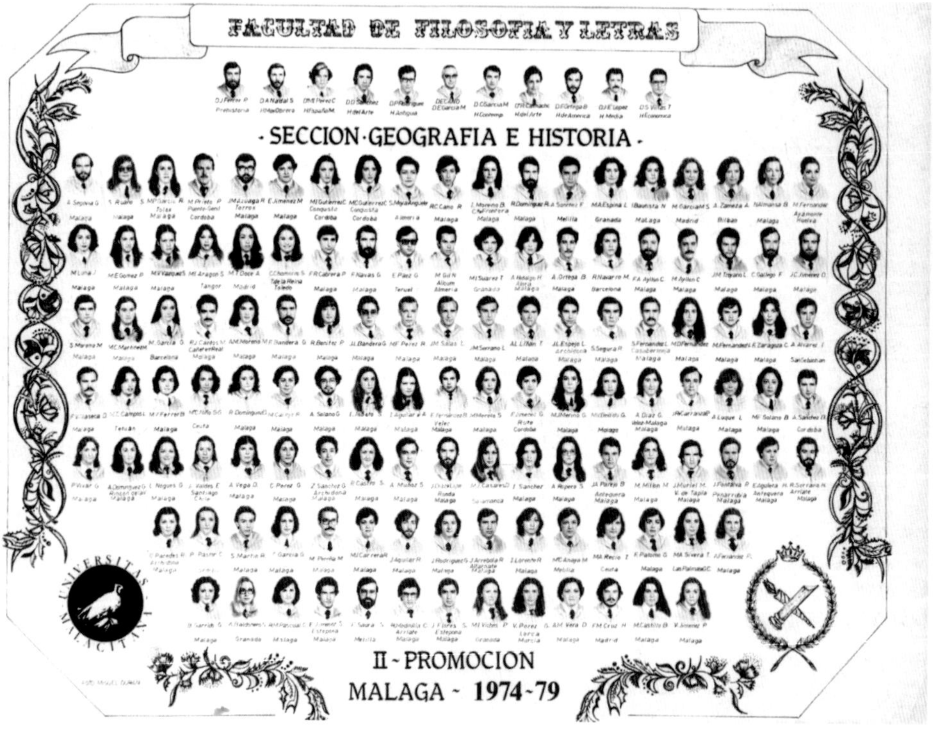

Orla de la Facultad de Geografía e Historia. Soy la segunda por la izquierda de la cuarta fila.

La comunidad de transportistas de piedras,riscos y cokteles molotof,para arrojar contra la fuerza publica,unidos alos componentes de los grupos de salteadores,incendarios,destructores y salteadores de comercios de Malaga,que por su condición de ateos no reconocen la navidad,le felicitan con motivo del año nuevo y recaban su valiosa colaboración para el futuro.

Hemos de rogarle nos perdone si en alguna proxima ocasión nos vemos precisados a utilizar su flamante seat 131 como barricada y llegamos a causarle desperfectos,ya que son los momentos los que mandan y hemos de apilar los coches rapidamente.

Ni los mas viejos del lugar nos pueden orientar sobre el origen de la bandera de andalucia,ya que nadie la conocia,ni nadie la conoce. Lo que hemos sacado en claro es que posiblemente se la habrá sacado de la manga algún hincha del betis.

En cuanto a la utonomia andaluza,parece ser que se trata de unos gandules que quieren mangonear y ocupar cargos de poder para sentarse en poltronas retribuidas engañiando a los incautos.

Otro run run es que se dice por Malaga,que Vd. no es mas que una falangista renegada que con pretensiones de diputada o senadora le está haciendo la olla gorda a los ateos y a los sin patria. Habladurias de la gente. Eso lo diran los de fuerza nueva,que son unos hijos de tales y cuales.¿No es verdad?

Anónimo de la extrema derecha. Observen que la amenaza sobre mi coche luego se cumpliría. Le prendieron fuego. Ni que decir tiene que nunca pertenecí a Falange.

Narcís Serra (entonces alcalde de Barcelona) entregándome el Premio Ondas ante la presencia de Garrigues, de la Cadena SER, en 1980.

Sra. Dª Mari Tere Campos
Radio Juventud
Alameda de Colón, 32
MALAGA

Habla el F.A.E.:

Sra:

Nuestros respetos ante todo.

No podemos como es lógico enjuiciar su criterio ni molestarla porque el mismo haya tenido a nuestro entender un claro matiz subversivo en las entrevistas hechas a los grupos femeninos.

Pero si, si nos lo permite, la misma libertad que ha tenido Vd. para hacer su campaña propagandística con este criterio tan dañino para nuestra patria y su pueblo lo tenemos nosotros para hacerle saber que entendemos que su conducta ha sido francamente parcial y falta de objetividad dando por consiguiente y como resultado desesperanza y quizas en algunos casos hasta repulsión.

Que no creemos haya sido precisamente su propósito. Mejor creemos que no lo ha reflexionado.

¿Entiende Vd. que hubiese sido mas objetivo hacer entrevistas también por ejemplo a la Sección Femenina o a grupos cuya sencibilidad femenina y española tuviese alguna relación con lo que siempre ha significado la dignidad de la persona como espiritualidad y patriotismo?.

Como nos han llevado a la democracia liberal como paso previo a la marxistización de España. (esta es la verdad aunque quizás Vd. opina de otro modo) nosotros los del F.A.E. (FRENTE ANTICOMUNISTA ESPAÑOL) que somos contrarios a esta anticuada teoría queremos hacer uso de ella pues si somos forzados en este sentido es justo que defendamos a España y a sus mujeres por el mismo procedimiento.

No sabemos si nos disculpará por lo que le decimos que es nuestra sincera expresión ante su conducta. Si tiene esa generosidad, gracias.

Atentamente.

F.A.E.

(FRENTE ANTICOMUNISTA ESPAÑOL)
Delegación de Málaga

El Delegado de Prensa y Propaganda

Amable comunicado político de la época.

Mi director de Radio Cadena Española en el homenaje que Málaga me dio por el Premio Ondas.
A él le debo mi traslado a Madrid, origen de mi segunda vida, y le profeso un gran cariño.

Leyendo ante los malagueños el Manifiesto tras el 23-F por la democracia y la libertad.

Con Cecilia tuve una bonita amistad.
Su muerte trágica me afectó mucho.

Julio Iglesias y yo con unos añitos menos. Y Francisco Fadón, director de Radio Popular en Málaga.

lumnas dóricas, escalinatas con alfombra, acomodadores con galones en la hombrera, Franco inaugurando pantanos en el No-Do y un ambigú para tomarse refrescos de naranja en los descansos. En su oscuridad yo había visto besarse a Elizabeth Taylor y Montgomery Clift en *Un lugar bajo el sol* y a Grace Kelly y Cary Grant en *Atrapa un ladrón*. Sólo ahí.

La primera vez que Ignacio me pidió un beso reaccioné airadamente:

—¿Tú te crees que esto es el cine…?

¿Qué pensaba aquel niñato, que Málaga era Hollywood? No hace falta que aclare que, ni de lejos, se trataba de los besos de tornillo de ahora. Ni, por supuesto, eran besos con lengua. Eso sería inconcebible. Qué poca noción tendría yo de la materia que había llegado, sin la ayuda de nadie, a una conclusión: los niños nacían por el ombligo. ¿Para qué servía el ombligo si no era para abrirse y sacar de dentro el niño? Cuando se lo conté a mi novio se rió mucho, pero conste que hoy sigo pensando que sería una forma mucho más racional.

Ignacio, que era un pinta de cuidado, se encargó de ponerme al día de todo. Matizo: de casi todo. Ahora, de lo que me puso, hay que reconocer que el chico lo hizo muy bien.

Terminé rindiéndome, claudicando sin oponer excesiva resistencia a sus demandas, en buena parte debido a que mis amigas me dijeron que ellas también besaban a los chicos en la boca. Comencé a verlo normal y, además, las ganas pasaron de ser exclusivamente de él a ser mutuas. Pero seguía teniendo la sensación de que aquello era pecado, y corría a confesarme. Allí estaba, arrodillada ante aquel hombre con sotana, contándole en voz baja mis secretos y esperando que me impusiera la penitencia por hacer cosas que, supuestamente, no estaban bien. Pero el cura iba más lejos.

—Padre, me acuso de que mi novio me ha besado en la boca.

—¿Y qué más?

—Nada más.

Y el cura insistía:

—¿Ha habido tocamientos?

No sabía de qué me estaba hablando. Cuando llegó el día en que mi novio intentó hacerme lo que el confesor me preguntaba, pensé naturalmente que eso lo hacía todo el mundo. Es decir, que sepa el cura que sus preguntas me llevaron a consentir los primeros devaneos sexuales. Mi razonamiento era simple: si él lo preguntaba era porque lo hacía todo el mundo. A esto hay que añadir que siempre he sido muy poco puritana. Sencillamente tenía la desinformación propia de la época. Mis compañeras de las Teresianas eran muy de vírgenes, de confesión y comunión diarias. Yo era más abierta, menos dada a la adoración de santos y a los remordimientos derivados de las faltas a la moral religiosa. Ya entonces, como ahora, creía que la moral estaba en otra parte.

Llevaba un año de relaciones con Ignacio cuando un día fui con mi prima Leli a ver algo muy característico de aquel tiempo: un programa de radio de cara al público. Era en Radio Juventud de Málaga, el medio de comunicación de referencia más importante de la ciudad. La emisora la había fundado, entre otros, mi querido —y hoy tan añorado— hermano Paco. Era él quien presentaba un concurso en el que los asistentes podían ganar algún dinero. Consistía en leer una poesía utilizando sólo una vocal, como la canción de Fernando Séptimo. La gente se levantaba, lo intentaba y se equivocaba. Mi prima me daba codazos para que me pusiera en pie.

—Sal tú —me dijo.

—No, que se enfada mi hermano.

Pero, como nadie acertaba, acabé levantándome y leyendo de carrerilla la poesía. El director de la emisora, al ver que no me equivocaba, le dijo a mi hermano:

—Dale el premio, que se lo ha ganado.

Paco me lo dio a regañadientes, pero acto seguido me lo quitó. Ese hecho, aquella primera intervención delante de un micrófono, tendría una influencia decisiva en mi vida. El jefe de emisiones pronunció las palabras mágicas:

—Niña, lees muy bien. Ven, que te vamos a hacer una prueba.

Mi hermano lo tenía claro:

—¡De ninguna manera! No voy a aguantar a la niña en casa y además en la radio.

A pesar de ello me presenté con el apoyo de mi madre. Pasé la prueba y entré, así, en la radio. El medio me hace popular en Málaga, pero llegan los problemas con el que seguía siendo mi primer novio. Empiezan los celos, la desconfianza, esas mezquindades que nunca he podido soportar. El motivo de sus enfados estaba en mis compañeros, que eran mayoritariamente chicos y fundamentalmente jóvenes, de unos veinte años casi todos. La situación se hace insostenible y un día, en el más puro estilo de machito prematuro de sus diecisiete años, me plantea solemnemente una elección:

—La radio o yo.

Me quedé, por supuesto, con la radio.

Por primera vez tuve una reacción impropia de lo que había sido mi educación, que era casarme, tener hijos y no trabajar. Dejé inmediatamente a mi novio, y eso que me gustaba mucho. ¿Por qué iba a abandonar la radio, por qué iba a seguir los pasos de mis compañeras de colegio, que tenían como meta única y principal el matrimonio? Yo no. A mí no me sometía ningún hombre a un *pressing*, al chantaje de «la radio o yo». Ahí tomo conciencia de que en la vida quiero algo más que casarme y tener hijos: quiero trabajar.

No obstante, Ignacio era una buena persona y a lo mejor le cambié la vida. Creo que no fue muy feliz y ha muerto recientemente. Siempre lo he recordado: no he olvidado el tiempo que compartí con él. Pero vivir es tomar decisiones, y en aquel momento elegí la radio. Eso, tal vez, me llenó la vida en ciertos aspectos; aunque, seguramente, la verdad, mi vida sexual habría sido mejor. ¿Por qué se lo vamos a negar? Ignacio, donde estés, vaya por ti este pequeño reconocimiento.

Y en la radio, sin salir de sus paredes, conocí al hombre que se convertiría después en mi marido: José María Borrego. Curiosamente, no era el compañero que más me gustaba. Le tenía echado el ojo a otro, pero la casualidad propició, una vez más, que mi vida tomara un nuevo rumbo.

Estábamos un día José María y yo hablando de toros. Le dije que nunca había ido a una corrida. Él, que al parecer ya estaba interesado en mí y buscaba una oportunidad, encontró una excusa perfecta para vernos fuera del trabajo:

—Precisamente tengo un par de entradas para la corrida de esta tarde.

Y esa tarde, en la plaza de toros de Málaga, José María y yo salimos juntos por primera vez.

Recuerdo la ilusión que tenía por asistir a un espectáculo que tanto me llamaba la atención, algo que jamás había visto y que me producía mucha curiosidad. En el cartel estaba, nada más y nada menos, que Antonio Bienvenida. El maestro esperó el toro a puerta gayola, esa suerte arriesgada y valiente reservada a los grandes diestros. Pero el animal lo embistió y derribó, causándole heridas de importancia. Aquello me produjo una impresión tremenda. Era la primera vez que veía a un toro en una plaza y tuvo que suceder algo tan desafortunado.

A partir de esa primera salida comienza mi relación con quien sería mi marido y padre de mis dos hijas. Tenía dieciséis años y él veintidós, pero era un hombre fuerte y grande que parecía mayor y con él me sentía protegida.

Nos hicimos novios. Éste iba a ser el definitivo. A los dos nos unía la radio. En realidad, ése fue toda la vida nuestro mayor punto de acercamiento. Juntos hemos ido a muchas fiestas, a muchos sitios, y siempre lo hemos hecho por nuestro trabajo. Cuando le conocí, yo era una persona muy alegre; me encantaba bailar y pasármelo bien.

Él era muy serio, bastante adusto. Tenía seis años más que yo, aunque, como ya he dicho, por su físico y personalidad la diferencia parecía más abultada.

Al mismo tiempo también se echó novio mi prima Leli con Paco, hermano de Ignacio, mi «ex», y mi amiga Gloria Montes con Juanjo. Salíamos juntas las tres parejas, aunque ellas eran más de misa y de atar corto a sus hombres en lo que se refiere a las cuestiones íntimas. Por eso, a veces yo no les contaba algunas cosas... A lo mejor eran ellas las que también me engañaban a mí, pero me da que no...

Con José María salía en moto, primero en una BMW y luego en una Lambretta. Íbamos como Audrey Hepburn y Gregory Peck en *Vacaciones en Roma*. Yo llevaba el mismo pañuelo en la cabeza y el mismo abrigo, que mi modista Nieves me copiaba primorosamente. El *prêt-à-porter* todavía no existía. Pero modelito que sacaba la Hepburn, modelito que yo le fusilaba.

José María tenía la ventaja de que comprendía mi trabajo. Pero pronto descubrí que tenía el mismo defecto que mi novio anterior: los celos. Entonces se llevaba la falda estrecha, de esas de tubo, y por supuesto yo, que seguía la moda, las usaba con frecuencia. Eso me trajo muchos quebraderos de cabeza. Si estaba sentada en el control de la radio mientras sonaba un disco, tenía que ponerme un pañuelo sobre las rodillas, porque si él entraba y me veía eso, simplemente las rodillas, me dejaba de hablar en quince días.

Cuando hoy la gente me pregunta cómo llevo lo de la popularidad, la consecuencia de ser un rostro familiar de la televisión, siempre digo que soy una persona muy conocida desde los dieciséis años por mi trabajo, que ya en Málaga supe lo que era eso a aquella edad. Y no sólo por la radio, sino también porque me encargaban todo lo que se hacía en la calle, como presentaciones de artistas o desfiles de moda. En cada uno de esos saraos allí estaba, micrófono en mano, delante de la gente, con lo cual me identificaban físicamente. Pero sobre todo me reconocían por la voz. No podía entrar en una tienda de Málaga y pasar inadvertida. En cuanto abría la boca ya me habían calado, ya sabían que era yo. Entraba, por ejemplo, en una tintorería, decía que iba a llevar una falda y, ¡pum!, inmediatamente todos se volvían y, sin dudarlo, el comentario era el habitual:

—Tú eres Mari Tere Campos.

Sí, yo era «Mari Tere» Campos. Y al decirlo había una connotación de cercanía, un tono cariñoso en esa manera de nombrarme abreviando las palabras, atajando de manera entrañable el camino de las letras, derribando su obstáculo, como si ese «Mari Tere» fuera un guiño cómplice con el que los demás señalaban a uno de los suyos. La verdad es que siempre me he sentido muy querida por la gente desde mis comienzos en Radio Juventud de Málaga, la emisora que vino a traer una nueva forma de hacer las cosas.

Recuerdo, no sin emocionarme, a mi hermano Paco, mi primer maestro, saludando a los oyentes con un «queridos amigos». Él fue de los primeros en tratar al público con una proximidad y una naturalidad prácticamente desconocidas hasta entonces, alejándose de fórmulas más encorsetadas, de registros engolados, y utilizando otro lenguaje menos artificial y grandilocuente. Me enriquecía mucho esa radio, que era la radio de los locutores: los que escribían no hablaban. He hecho desde programas de música hasta los de toros o de cine, como fue el caso de «Panorámica», el primero de importancia que presenté. ¿Para qué me ha servido todo eso? Para obtener unos conocimientos bastante amplios.

Llegué a una radio donde había mujeres que me doblaban la edad y muchas de ellas eran de la Sección Femenina. No hay que olvidar que era la radio del Movimiento, la que dependía de la delegación de Juventudes, y allí había gente que pertenecía a Falange y otros, como mi hermano Paco y yo, que no. Algunas de aquellas señoritas lograron su propósito: casarse. Otras se quedaron, según expresión de la época, para vestir santos. Entre ellas y yo había muchas diferencias. Para empezar, la edad, pues tenían treinta y tantos años y yo quince. Entonces llegó la niña, o sea, una servidora, y como parece que Dios me había llamado por ese camino, todos querían que leyera sus programas, lo que supuso alguna suspicacia por parte de mis compañeras. ¡Y encima no me defendía! Hice, como ya he dicho, de todo, incluso los domingos me tocaba leer el programa de toros o el de fútbol.

Era también la radio de los discos dedicados. Por eso me sé tantísimas canciones, porque algunas las he puesto hasta la saciedad. Como tenía mucha rapidez para leer, cuando llegaba el día de la Virgen del Carmen y fechas así de especiales, me pedían que me encargara de las dedicatorias. Y puedo asegurar que dediqué miles, que no me quedó nombre por decir ni motivo o mensaje que los acompañara: una boda, el día de la madre, un cumpleaños...

Recuerdo que había unos colaboradores de la emisora que enviaban dedicatorias de todos los pueblos para días tan significativos como el de San José, el del Pilar o el de los enamorados. Llegaban con unas hojitas escritas por ellos a mano con una letra ilegible. Pero, naturalmente, interesaba que se pudieran emitir todas, porque eran de pago. Como cogía unas velocidades increíbles y además entendía todas las letras, me tocaba estar horas hablando. Al llegar *Madrecita María del Carmen*, de Manolo Escobar, te podías pasar una tarde entera leyendo dedicatorias. Pero mi mente estaba en otro sitio. A veces ponía lo que llamo «el piloto automático», porque empezaba a leer y al rato no me acordaba de lo que estaba leyendo. Me preguntaba a mí misma: «¿Quién estará hablando?» Era yo. Es una cosa que nunca he comprendido, pero que realmente ocurría así, como si fuera una especie de desdoblamiento, como si la que estaba sentada delante de la urna de cristal fuera una y la voz que salía por las ondas la de otra mujer distinta. Estaba a lo mejor pensando en algún traje que me iba a comprar, en alguna pelea con mi novio..., y yo con el piloto automático: leía y leía, hablaba y hablaba... *Madrecita* era el tema más solicitado y todavía hoy parece que estoy oyendo aquel disco, que sonaba con un punto de melancolía, como si guardara entre su música y su letra una alegría inacabada, una felicidad incompleta e inexacta. Porque si existió alguna vez un tiempo en el que hubo menos gente feliz, fue posiblemente en aquella época, en aquella España que dedicaba canciones a sus seres queridos quizá para ahuyentar sus miedos o sobrellevar el peso amargo de no sentirse libres.

Pero, dejando al margen la inadmisible falta de libertad y el poco acceso a la cultura, probablemente a veces disfrutábamos con los placeres que, como cantaría Serrat, nos daban las pequeñas cosas.

La boda

En la radio tenía dos cosas importantísimas en mi vida: el trabajo y el novio. De no ser así, en esa época pocos hombres habrían admitido que me casara y continuara siendo locutora de radio. En ese sentido, José María me entendía muy bien: teníamos la misma profesión. Además, yo me sentía protegida a su lado. Pero José María tenía un carácter muy fuerte. Se enfadaba por cualquier cosa y pasamos peleados una buena parte de los siete años de noviazgo. Era muy susceptible: saltaba por la tontería más pequeña. Como era el encargado de emisiones en la radio, si yo tenía un fallo en el trabajo podía dejarme de hablar durante quince días.

En esas etapas de silencio, él se iba arriba y abajo con unas y con otras. Yo me enteraba porque, naturalmente, siempre había almas caritativas dispuestas a que estuvieras puntualmente informada de lo que estaba pasando:

—Hemos visto a José María con fulanita...

Y fulanita era alguna guarrilla de turno de esas que él tenía alrededor y con las que se iba cuando nos enfadábamos. Ellas tenían una misión y yo otra muy distinta. Yo era la novia formal y, como tal, tenía que casarme virgen. Para darse las alegrías estaban las otras. En el fondo creo que él se aprovechaba de la situación, y en cuanto tenía ganas de irse por ahí de picos pardos buscaba cualquier pretexto para pelearnos. He de confesar que en más de una ocasión me habría gustado ser una de las otras. Vamos, que habría estado encantada de que no me respetara tanto. Pero había que llegar inmaculada al matrimonio, lo que no quiere decir que no hiciéramos nada. El límite estaba en lo que absurda y cursimente llamábamos entonces «lo irreparable». Ésa era la cínica frontera entre las supuestamente decentes y las demás. Aunque unas y otras teníamos el mismo impulso: las ganas.

Al cabo de unos cinco años de noviazgo, en una de esas escapadas tan suyas, yo me fui a un guateque. Los que vivimos aquella etapa sabemos que en esas fiestas no podía faltar el *pick-up*; es decir, el padre del tocadiscos, gracias al cual podíamos bailar los éxitos de los cantantes de moda con más marcha como el Dúo Dinámico, los Llopis o Elvis Presley y las canciones románticas de ídolos como Nat King Cole o aquel tema lento, maravilloso, de *Ansiedad*, tarareando por lo bajo lo de «ansiedad de tenerte en mis brazos, musitando palabras de amor...». Según iba cayendo la tarde, los ritmos rápidos dejaban paso a las canciones más templadas, y las luces de la casa, como una urbe atravesando la madrugada, comenzaban a disiparse entre los restos de «ginfis» y las voces que a esa hora también mudaban al murmullo, a un siseo imperceptible, casi ahogado, con el que los grupos se deshacían como las danzarinas acuáticas hasta convertirse en parejas recortadas por una sombra. Mi número fuerte de baile era el twist: era una fiera del género. En cambio, el rock and roll se me daba peor. Me encantaban los guateques, entrar por la puerta perfectamente maquillada, ponerme vestidos de colores con dibujos geométricos, esos estampados chillones en los que los rombos y los círculos se fundían en una fragua de acrílicos y puntos como si los hubiera planchado una lámina de Warhol.

Aquel guateque fue en casa de mi amiga Mari Carmen y allí conocí a un hombre que me gustó, un tipo bajito que tenía una conversación estupenda. Empecé a salir con él, nada, tres o cuatro días..., porque, ¡ay!, cuando José María se enteró de la historia fue a buscarme inmediatamente. Jamás volvió a dar la «espantá», a alejarse de mí para aterrizar en los brazos de la corretturnos de guardia. Pero también es verdad que, para entonces, algo se había roto definitivamente. Aquello supuso una fractura en la relación, una fina línea divisoria entre los dos. Quizá en una huida hacia adelante lo que hice fue ilusionarme con los planes de la boda, con la compra de una casa..., pero yo sabía que las cosas ya nunca serían igual.

Y el 12 de septiembre de 1964 salí de mi casa para casarme. El tiempo anterior a la boda me llevaba fatal con mi madre. Seguramente yo estaba nerviosa con el tema y ella con la menopausia. Lo cierto es que durante una larga temporada vivimos en permanente conflicto la una con la otra. Luego, en cambio, lo que es la vida, creo que con quien ha tenido más complicidad es conmigo. Siente auténtica adoración por mí. Pero entonces las cosas estaban más tensas. Recuerdo que una vez tuvimos una discusión y como yo no podía pegarle a mi madre, lo cual era impensable, entré en mi cuarto y de pura rabia me rajé un traje precioso de color verde pistacho con pinceladas más oscuras. Cogí el vestido y, ¡zas!, me lo cargué en un momento. A una madre no se le podían soltar las cosas que se dicen ahora. Ella siempre me espetaba que el día que me casara iba a ponerse en la escalera con las manos en alto y gritando: «¡Adiós, adiós!»

No fue así. El día de mi boda lloraron todos una barbaridad, especialmente mi hermana Concha, doce años menor que yo y que era mi compañera de habitación. Ella y mi hermana Leli fueron las damitas de honor. Cuando llegaron a casa después del banquete, Concha se metió en la habitación y se puso a llorar sin consuelo. Los demás, que se estaban conteniendo, al oír aquellos gemidos se vinieron abajo y rompieron en puro llanto. Estaba claro que ya no vivía en aquella casa, mi casa, donde tuve unos padres maravillosos y una infancia sin lujos pero feliz, muy feliz, acompañada de unos hermanos que son uno de los grandes privilegios de mi vida.

De aquel día tengo también en la retina la imagen de los que, además de mis padres y hermanos, son mi familia, un gran clan unido por la fuerza de unas mujeres: las Luque. Mujeres al uso, una con seis hijos (mi madre), otra con cuatro (tía Araceli) y la que batió el récord (tía Amparo), que tuvo diez hijos. No nos faltaba la tía soltera (Lola), famosa por su mal carácter, tanto que cuando éramos pequeños nos insultaban con una frase: «Eres como la tía Lola.» Sin embargo, la quisimos mucho, aunque no tanto como ella a su padre —el abuelo Juan—, al que había idealizado como el hombre de su vida. Supongo que no conoció varón, al menos en el sentido bíblico de la palabra. Y, finalmente, está mi tía Mari Pepa, la monja, que es religiosa de los Ángeles Custodios desde hace más de cuarenta años y que tanto me hizo llorar el día que se fue al convento.

Pero las mayores afinidades iban por la edad. Y ahí es donde encontramos a la persona sin la cual no podríamos hablar de, por lo menos, veinticinco años de mi vida: Leli, mi prima, mi hermana. Su nombre ya ha salido más de una vez en este libro, porque nuestras vidas han sido paralelas; incluso nos casamos y dimos a luz casi a la vez. Quiero hacerle un pequeño homenaje: por su bondad, su fidelidad, su capacidad para salir adelante tras haber sufrido la pérdida de su hijo menor, con veintidós años, en accidente de moto. Esa circunstancia ha significado para mí uno de los grandes golpes de la vida. Todavía no me conformo con admitir que las cosas puedan ser tan crueles con quien menos se lo merecía. A ella y a Paco, su marido, mi testimonio de cariño. No hay kilómetros suficientes para separarnos «toda una vida».

También mi afecto para Ana, su hermana, personaje singular a quien debo el haber podido estudiar a los treinta años la carrera de Filosofía y Letras. Entramos juntas en la Universidad y, como tiene mucho de líder, me facilitaba siempre los apuntes y me permitió formar parte de un grupo de estudio creado a su alrededor. Yo me limitaba a estudiar y a poner mi casa y mis torrijas cuando teníamos examen.

Son pocas las ocasiones que tengo de reunirme con todos mis primos, pero siempre hay un día en el verano para llevar a cabo ese gran encuentro con María Amparo, Inmaculada, José María, Nacho, Pilar, Manolo, Francis, Nono, Carmen Rita, Chechu, Paloma, Juan Miguel, Félix y mis tías, incluida la monja. Y, cumpliendo la estadística, faltan los maridos: tío Miguel, tío Pepe y papá, siempre presentes desde donde estén cuando se reúne la gran familia.

Aquel día de mi boda sí que estaban todos. El acto había reunido a un montón de gente ante la iglesia. «¡Mari Tere Campos, Mari Tere Campos!», gritaban cuando entraba por la puerta camino del altar. Era la expectación lógica, porque se casaba una persona muy popular en Málaga. Y, sin embargo, aquella mujer de vestido blanco, que sonreía nerviosa a todo el mundo, seguía sin tener una información sexual plena y arrastraba los lastres normales de una educación deficiente en la materia. Ése fue precisamente el motivo de nuestra primera discusión de casados. Ocurrió el mismo día del enlace. Al terminar el banquete, José

María y yo subimos al coche, pero cada uno pensaba que iba a un sitio diferente. Yo creía que la noche de bodas la íbamos a pasar en un hotel de Fuengirola, para después emprender viaje por carretera. Mi marido tenía otros planes: la noche de bodas en nuestra casa y al otro día al hotel. Y, claro, yo eso de meterme esa noche, justamente esa noche, en un edificio en el que ya vivía en otros pisos gente con la que me podía cruzar a la mañana siguiente me daba una vergüenza horrorosa. ¡Me parecía terrible! ¿Cómo no iba a pensar así, si la consideración que se tenía del sexo era la de algo íntimo y secreto? La noche la pasamos en casa, pero a las siete de la mañana, como un clavo, me levanté y le hice levantarse a él para que al salir no pudieran vernos. No quería encontrarme con la portera ni con nadie. ¡Nada de testigos!

Ese tipo de educación nos frustró mucho en el matrimonio y nos hizo fracasar a bastantes personas, aunque no nos separáramos. Al cabo del tiempo me liberé, pero en aquel momento marcó mi matrimonio. Hay que señalar que las madres no te comentaban nada. Lo único que me dijo la mía el día de la boda fue:

—Bueno..., ¿quieres que hablemos?

¡Me daba un corte hablar de esos temas con mi madre...! Y añadió:

—No…, verás…, sólo quería avisarte de que mañana te tocará pasar un mal ratillo…, pero… en fin…

—No te preocupes, mamá —le contesté, pero la verdad es que estaba bastante preocupada.

Una amiga mía, que es muy graciosa, siempre hablaba de lo que era la noche de bodas y lo explicaba así:

—Es como si quisieran meterte «eso» por un ojo…

En definitiva, y en cualquier caso, es la primera vez. Eso no cambia. Lo que pasa es que antes la primera vez era después de la boda y ahora… Bueno, ahora la primera vez es cuando tiene que ser, en el momento que corresponda. Pienso que la interpretación de mi amiga expresa perfectamente la mala educación sexual, porque, cuando hay una buena información en ese sentido, «eso» no es como si te lo metieran por un ojo. Lo que ocurre es que estábamos mal educados, nosotras y ellos. Con lo cual, todo ese desconocimiento hacía polvo a muchos matrimonios.

En aquella época, tú no podías tener varios novios, porque entonces eras una fresca. Yo tuve uno, de los catorce a los dieciséis años, y luego llegó el segundo y definitivo. Si hubiera habido un tercero, quizá habría estado mal visto o me podría haber costado trabajo encontrar una nueva pareja. No lo sé, porque yo para esas cuestiones he sido muy cobarde. Siempre me he querido casar.

—¿Y si me quedo soltera? —me preguntaba, y sólo la posibilidad de que sucediera eso me aterraba. Con lo cual sólo tuve dos novios: el primero, que me descubrió muchísimas cosas y me hizo ser, a mi manera, una adelantada, y el segundo. Éste ya era diferente. Éste me respetaba más. Demasiado. El otro sólo me llevaba al parque porque no tenía dinero. Éste me llevaba a todas partes y, además, en moto. Eso sí, me dejaba en casa antes de que dieran las diez.

El compromiso

Después de casada, mi historia profesional y mi vida personal seguían caminos paralelos, prácticamente inseparables. En la radio hacía de todo, por eso aprendí muchas cosas que me han dado después un largo recorrido, un bagaje bastante amplio. Escribía, por ejemplo, guiones con Diego Gómez, mi gran compañero durante veinte años, para el programa «Mari Tere y Diego». Aprendí pronto a dialogar y a hacer, en definitiva, todo lo que fuera necesario. Ésa fue la radio que hice al principio. A partir de 1968 me voy a la COPE, y empezó una etapa apasionante en mi vida. Era la época de los cantautores, de darle un sentido social a la música, de utilizar los escenarios para expresar el inconformismo, de denunciar con una guitarra en la mano lo que se creía injusto y mejorable.

Durante mucho tiempo hice «Español pop», donde me convertí en cierto modo en la adalid de la gente joven de Málaga que componía y cantaba. Aprovechando que estaba bien considerada por las casas de discos, intentaba que aquellos chicos llegaran a ser famosos desde Andalucía, lo cual no era nada sencillo, porque todo lo que no se hacía en Madrid era como si no existiera. Pero allí estaban ellos, en un clima político de compromiso, luchando por la democracia y la libertad y contra el franquismo. Y allí estaba también yo, apoyándolos. Me invitaban a todos los conciertos en Madrid y Barcelona y pude conectar con nombres sagrados del momento, como Mariano de la Banda, Pepe Domingo Castaño y Joaquín Luqui, que era el gran gurú, y José María Íñigo.

Entonces, en la radio sólo se hacía crónica local; para los informativos conectábamos con Radio Nacional de España. La limitación que teníamos era absoluta. Únicamente podías dar noticias del Ayuntamiento y con mucho cuidado, sin pasarte un pelo, porque de lo contrario se te echaban encima. Era la radio de la música y los magazines, la radio de entretenimiento. Pero con las pocas armas de las que disponíamos encontramos una manera sutil de introducir la política en las ondas: los cantautores.

La primera vez que Lluís Llach fue a Málaga, todavía con Franco vivo, lo llevé yo. Su presencia resultó incómoda y problemática para los sectores del poder, porque Llach estaba muy politizado. Y, en aquel momento, «politizado» era cantar *L'estaca* y, en general, todo lo que tenía que ver con una vinculación ideológica favorable a la democracia y la izquierda. En ese terreno se movían Lluís Llach y gente como Joan Manuel Serrat, para mí, dos ejemplos de artistas y personas consecuentes.

Serrat se estrenó en Málaga en un concierto en el hotel Miramar. Había un lleno absoluto y salió cantando en castellano. No se atrevía a hacerlo en catalán: tenía miedo de la reacción del público. Pero cuando empezó con los primeros acordes de *Cançó de matinada*, el recinto se vino abajo de aplausos; era una ovación cerrada, caliente, un fervor sin límites hacia un artista de aquella envergadura. Ocurría todo lo contrario de lo que él temía: los malagueños que habían ido a verle estaban totalmente concienciados y comprometidos. Lo que querían, precisamente, era que cantara en catalán. Siempre recordaré lo que me dijo al acabar:

—¡Ay!, me ha impresionado esa gente; no me esperaba una respuesta así si cantaba en catalán.

—Ése era el Serrat que estaban esperando —le dije. Y era cierto. Querían que él reivindicara allí, entre otras cosas, el derecho a cantar en catalán;

querían ver al Serrat comprometido, al que había dicho no a Eurovisión si no interpretaba el *La, la, la* en catalán.

A través de la música comencé a politizarme, a tomar partido y conciencia de lo que estaba pasando. Me crié en una familia apolítica; es decir, en una familia de derechas. Lo que pasa es que no militaban en Falange ni en nada, pero lógicamente era gente acomodada. Mi padre se libró de la mili por estrecho de pecho, y además se fue a Marruecos. Por lo tanto, no vivió la guerra. En casa no se hablaba de política. Poco a poco me voy dando cuenta de la carga que encerraban las canciones como *Al vent*, de Raimon, o las del propio Serrat, que nos ofrecía además la posibilidad de conocer a poetas como Machado, poetas prohibidos, malditos, de los que no sabíamos nada cuando éramos pequeños. Poetas,también, como Neruda, que nos llegó con los cantautores hispanoamericanos y que se han quedado para siempre en mi vida, en lo mejor de mi vida, como algo a lo que no podría renunciar.

Allí también me tocó militar como andalucista. Recuerdo una vez que organicé un concierto de Jarcha en una especie de palacio de deportes y entraron los grises porque habíamos puesto una bandera de Andalucía en el escenario. Tuvimos que quitar la bandera y salir corriendo. Sí, ya sé que estas cosas, contadas ahora, pueden producir risa, pero aquélla era la realidad y aquél un momento apasionante para mí. Conocí a artistas interesantísimos, como el tristemente desaparecido José María Alonso, gran amigo y excelente músico.

Después empecé a comprometerme con el tema de la mujer. Siempre digo que me sorprende cómo en 1972 pude poner en marcha un programa feminista en la radio que se titulaba «Mujeres 72». Lo estuve haciendo hasta 1980. Pero en sus inicios contaba con mujeres que estaban en la clandestinidad, en el Movimiento Democrático de la Mujer. Muchas de ellas eran de organizaciones sindicales, de Comisiones Obreras, del Partido Socialista (clandestino, claro), de la Asociación Democrática de Mujeres...

Ninguna de ellas podía decir de dónde era ni lo que era. Nos dejaban lanzar la emisión al aire; pero, eso sí, a altas horas de la noche; o sea, en el horario «menos molesto». Tengo que reconocer que fue decisiva la ayuda de mi director, Juan Fernández Lozano, el único dentro del sistema con ese cargo en Málaga que experimentó una evolución personal. Con él aprendí muchas cosas. Las más importantes, el amor a la libertad y a la democracia, palabra esta última que yo no había escuchado jamás en mi infancia, pues, como ya he dicho, en mi casa pasaban de política. La labor crítica que hacía en la radio era muy solapada y se reducía casi a la música con su doble intención.

En los años setenta volví a Radio Juventud, pero me metí en Informativos y fue el momento en que entré en la Universidad. Me daba perfectamente cuenta de que la radio iba a cambiar. Los periodistas, que habían despreciado la radio por considerarla un medio de segunda categoría, empezaron a desembarcar en las emisoras. La radio comenzaba a abrirse un poquito y rápidamente intuí que los periodistas nos iban a decir que nosotros éramos simplemente locutores. Por eso quería estar preparada. Y me matriculé en la Facultad de Filosofía y Letras, con la intención de convalidar la diplomatura y hacer luego Periodismo, cosa que finalmente no llevé a cabo. Pero la carrera me dio una gran riqueza de conocimientos y, sinceramente, el oficio de periodista ya lo tenía.

Aunque me pasé a Informativos, continuaba haciendo programas musicales y magazines. A veces iba a los plenos del Ayuntamiento, hacía una entrevista y después escribía un editorial que se titulaba «El pulso del día». Pero ese texto tenía que mandarlo al delegado de Información y Turismo para que le pusiera el sello. Estoy hablando, por supuesto, de la censura. Y la censura era una plaga siniestra con tintes surrealistas que te obligaba a pasar por el aro de la autoridad.

Trabajé con un jefe de programas que rayaba los discos de vinilo con una cuchilla, como si con ese acto tan mezquino pretendiera llevarse a la guillotina la creación de unos artistas, cortar por lo sano cualquier peligro, y peligroso para él era todo, porque se dedicaba a afeitar canciones como *Bésame mucho*. Según él, ese bolero no se podía poner porque era una cosa diabólica. El riesgo de condenarse a los infiernos, de arrojarse a los precipicios de la inmoralidad, estaba enlatado en el microsurco de muchas canciones, y, como ejercía de comisario político, el tío no tenía otra cosa que hacer que rayar discos como un loco. Su gran temor era que pusieras un disco prohibido, por lo que con ese método tan expeditivo, tan absurdo, zanjaba la cuestión y eliminaba de cuajo las tentaciones. En alguna parte, y para la historia, tienen que estar esos discos. En la zanja a la que aquel hombre intolerante y necio mandó ríos de canciones, apareció *El preso número nueve*. ¡Todo un peligro para la rectitud humana! Ése era ya un caso muy grave, porque contaba la historia de una mujer que le ponía los cuernos a un hombre y él decía que iría a buscarla al más allá.

Padre, no me arrepiento
ni me da miedo la eternidad.

Yo sé que allá en el cielo
el que juzga nos juzgará.
Voy a seguir sus pasos,
voy a buscarla hasta el más allá.

Eso era muy fuerte. En ocasiones intentábamos poner alguno de esos discos, pero daban unos saltos horrorosos: el energúmeno se lo había cargado. La censura era eso. Tú sabías que podías meterte con el alcalde y… Y nada más. El resto ya lo dejabas en manos de Radio Nacional de España.

Yo estaba por la democracia y la libertad. Sin embargo, recibí la noticia de la muerte de Franco con un poco de preocupación, porque no sabíamos lo que iba a pasar en España. Sobre todo siempre recordaré a ese Arias Navarro, con su voz tenebrosa y la mirada desvaída, anunciando aquel hecho:

—Españoles, Franco ha muerto.

Mi marido fue a la habitación de mis hijas y les dio la noticia, añadiendo que no tenían que ir al colegio. Terelu, desperezándose, contestó:

—¡Vaya, hoy que tengo gimnasia! ¡Ya se podía haber muerto otro día!

No fui de los que brindaron con champán, la verdad, porque me parecía de mal gusto. Ya se había muerto y lo importante era que se nos abría el camino hacia la libertad. Por fin había llegado el tiempo de la esperanza.

Mis hijas

A pesar de que mi trabajo me llenaba y me ocupaba muchísimo tiempo estuve embarazada dos veces seguidas en algo más de un año. La primera de Terelu y la siguiente de Carmen. En ambos casos fui a la radio hasta el último día y luego me reincorporaba en seguida.

Siempre he vivido en el centro de Málaga, excepto los dos primeros años de casada. En ese tiempo quedé embarazada de Terelu. He de decir que en el trabajo nunca hicieron distinciones conmigo y, estando embarazada de ocho meses de Carmen, incluso me ponían turno a las siete de la mañana. Mi marido se quedaba en casa cuidando a Terelu y yo salía a las seis y media de la mañana, con mi bombo, a coger el autobús a la carretera de Cádiz para ir a Málaga, cosa que no había hecho jamás porque estaba acostumbrada a vivir en plena ciudad.

He sido muy formal con mis embarazos: el día que cumplía me ponía de parto. Así las dos veces. Después ya no tuve más hijos, aunque habría querido. Me encantaba estar embarazada, era algo que me gustaba. Creo que se debe a que siempre me ha hecho feliz que me mimen, y entonces yo notaba que estaban pendientes de mí. En ese sentido vuelvo a decir que soy seguramente todo lo contrario de lo que la gente se imagina: que soy muy autosuficiente. ¡En absoluto!

Las dos veces que di a luz fue maravilloso, sin ningún problema, y he sido pionera de los partos sin dolor, algo mal visto entonces. Mi madre no estaba muy conforme, porque para ella era una cosa que no resultaba natural. Incluso llegué a tener mala conciencia, pues entonces te decían algo así como que cuando tenías un hijo sin sufrir en el parto no lo podías querer de igual manera que a otro nacido por el sistema tradicional. Hoy me alegro de haber hecho aquello: creo que no he podido querer más a mis hijas de lo que las quiero. Ellas y mi profesión han llenado mi vida. Ya sé que yo trabajaba y las madres de sus amigas no, ¡pero las he llevado siempre tan limpias! Pensaba que si las otras iban con una mancha en el vestido nadie les iba a decir nada, pero si mis hijas se manchaban tan sólo un poquito, el comentario sería más o menos el siguiente:

—Claro, pobrecillas, como su madre trabaja...

Por eso iban maravillosamente vestidas y bañadas por mí; lavaba sus cabecitas a diario hasta casi destrozarlas... Parecían gemelas.

Cuando las niñas tenían ya siete u ocho años entré en la universidad. Siempre he tenido la sensación de que a mí el día me daba para más cosas. Mi ritmo ha tenido que ser muy rápido y me sigue pasando: tengo que hacer más cosas a la vez que otros. He hecho siempre todo de prisa: cocinar, arreglarme, estudiar, comprar en el supermercado, ir a la tintorería, ocuparme de los míos y el trabajo en la radio. Nunca he podido hacer nada despacio. Me he acostumbrado a ese ritmo y ahora he llegado al súmmum de que, en televisión, me hablan cinco a la vez. Y me entero de todo, aunque a veces ellos crean que no. Eso lo utilizan para justificar que me han dicho algo que, a veces, no es verdad. ¡Pero la policía no es tonta!

Creo que también he podido ocuparme de mis hijas. A las dos les he dado una educación muy libre y he hablado mucho con ellas. En aquella época en la que estudiaba, creo que les hice la competencia. Pienso que debería haber sido al revés, que si yo estudiaba tanto en casa ellas tenían que hacerlo más. No sé, pero posiblemente las molestaba el hecho de que yo sacara muy buenas notas. Quizá su reacción fue la de dar un poco de lado las cosas del colegio.

Después de haber tenido ese complejo de culpa por ser una mujer que trabajaba fuera de casa y no se dedicaba por completo a su familia, cuando Terelu y Carmen han sido mayores he tenido la gran satisfacción de sentirme respetada por ellas. La educación de los hijos es una tarea muy difícil: antes, ahora y siempre. A mí me ha tocado la etapa en que la autoridad no estaba bien vista y he educado a las dos en libertad. Eso tiene un inconveniente porque se sufre bastante. En definitiva, tienes miedo de que tus hijas puedan hacer cosas que crees que no deben hacer. Lo fácil es tener mucha autoridad y aplicarla, tener ese principio de poder de que uno es el padre o la madre y los hijos han de obedecer por obligación. Si educas a tus hijos libremente, aceptar luego que vuelvan a casa a la hora que quieran cuesta bastante. He tenido muy poca autoridad con mis hijas, poquísima. He sido una madre cercana, una madre con la que siempre han podido hablar, pero sin ejercer el papel de lo que se entiende por amiga, ya que eso es algo muy difícil porque nunca te explican las cosas igual. Mis hijas me han contado todo y me he tenido que aguantar, porque, claro, cuando una viene y te dice que se ha acostado con alguien la primera vez, crees que estás preparada para eso, pero no es verdad, en especial los de mi generación. Hablo de cuando yo tenía casi cuarenta años. Has de ponerte «muy contenta» porque tu hija ha venido y te lo ha confesado; tienes que decir «qué bonito», pero en realidad, para qué nos vamos a engañar, no acabas de encajarlo y, realmente, lo que piensas es una cosa: «¿Quién será ese hijo de puta?»

He salido con Carmen y Terelu después de separarme, cuando ya vivía en Madrid. He sido muy colega de las dos y las dos han sido una de las cosas que mejor me han salido en la vida. No he echado de menos, aunque podría haberlo hecho, aquellas cosas que me faltaban cuando mis hijas eran pequeñas. Ellas y mi trabajo me llenaban.

No sé si mis hijas tienen algo que agradecerme, porque a una madre no hay que agradecerle nada; sólo quererla. Lo que sí sé es lo que yo tengo que agradecerles a ellas: la felicidad que han dado a mi vida, el permitir que pueda sentirme orgullosa de las dos.

A Carmen le debo en estos momentos su apoyo en mi trabajo; sin su eficacia y buen hacer seguramente no podría soportar, después de tantos años, un programa en directo de tres horas y media. Ella me ha liberado de muchas responsabilidades. En Terelu valoro su manera de trabajar duramente, aprendiendo cada día para superar la, para mí, injusta crítica de ser sólo la hija de mamá. Miles de veces he contado la trayectoria profesional de mi hija, desde los madrugones en la producción de la radio hasta su labor en agencias de publicidad y sus años en Málaga en la Cadena Rato, haciendo esa radio en la que uno no sólo conduce el programa ante el micrófono sino que también ha de manejar los mandos del control. A eso hay que añadir los años pasados en la producción y en el plató con Jesús Hermida en TVE, en cuyo programa estaba al volver yo de la SER para hacerme cargo de la dirección y de la presentación. Cuando Terelu empezó a hacer pequeñas presentaciones en directo de cantantes, llevaba años de preparación. Sin embargo, hay quien se ha atrevido a decir que, por ser mi hija, había subido los escalones de tres en tres.

Ese tipo de comentarios ha sido una de las cosas que más dolor me han causado en la vida —excepto la enfermedad ya felizmente superada de Carmen— por la injusticia que significa hacerlos. Creo, querida hija, que hoy, tras ocho años como conductora de un programa diario, estas cosas ni a ti ni a mí han de preocuparnos ya. Va a resultar, aunque a veces lo he puesto en duda, que es verdad que el tiempo pone a cada uno en su lugar.

A Carmen tengo que agradecerle su compañía al vivir junto a mí y permitirme que no me sienta sola, disfrutando de mis queridos nietos Carmen y José María, que, con Alejandra, son tanto en mi vida que sus madres tienen celos de ellos.

Pero todo esto, con ser importante, sería innecesario para saber lo que significo para ellas, pues me dieron el mejor y más grande testimonio de solidaridad y amor cuando murió su padre. Ante aquellos hechos, que relataré más adelante, su reacción fue vital para que yo pudiera seguir viviendo. Cuando mi gran preocupación era cómo podrían superar lo ocurrido, con diecisiete y dieciocho años, ellas sólo me dijeron una cosa:

—Mamá, necesitamos que no te hundas. Si estás bien, nosotras estaremos bien.

Así lo hice y así fue. Por todo, gracias, queridas hijas.

La transición

Tuve la gran fortuna de vivir aquella época en la universidad. Fue una etapa muy bonita de mi vida, aunque no exenta de problemas.

Con la legalización del Partido Comunista creo que les he legado un recuerdo hermoso a mis hijas. Íbamos en un Seat 600 a un apartamento que teníamos en la playa. Llevábamos la radio puesta cuando, de repente, se produjo ese momento histórico: Alejo García bajó corriendo al estudio con el despacho de agencia que traía la noticia y jadeando, con la respiración agitada, informó a todo el país:

—Señoras y señores, acabamos de recibir el siguiente despacho: el Partido Comunista ha sido legalizado.

Yo paré el coche en el arcén y les dije a mis hijas:

—Recordad esto que acabamos de vivir, porque es un momento histórico.

En ese momento hablé con políticos de Málaga, que a mí me parecían progresistas y que de hecho lo serían dentro de lo que había, y a la mañana siguiente me confesaron que estaban asustados con la noticia. Les daba miedo. Hay que tener en cuenta que habíamos sido educados en lo de las «hordas marxistas». Pero yo ya estaba muy abierta a esto. Nunca me consideré marxista ni comunista; estaba simplemente con la democracia y por la libertad.

Cuando Adolfo Suárez ganó las elecciones en 1977, como reacción a la llegada de la democracia surgieron una serie de grupos de extrema derecha, entre otros, Fuerza Nueva. Estaba muy señalada por ellos y además trabajaba en el primer medio democrático que hubo en Málaga. Nosotros habíamos abierto las puertas de una emisora que era de ellos, del Movimiento, y les metimos el enemigo dentro. ¡Cómo se nos podía ocurrir entrevistar a alguien de Comisiones Obreras! No se daban cuenta de que los tiempos habían cambiado, de que CC. OO. era un sindicato legalizado, de que el PC también... Para ellos, todo eso seguía siendo el demonio.

Entonces es cuando empezaron a perseguirme los de Fuerza Nueva. El 4 de diciembre de 1977, recién celebradas las primeras elecciones generales democráticas, pero todavía no las municipales, se hizo una manifestación en Andalucía por el estatuto de autonomía. En Málaga era un día soleado, espléndido, y la gente caminaba con los niños por el parque para pedir la autonomía de acuerdo con el artículo 151 de la Constitución. Durante toda la semana muchos comercios de la ciudad habían puesto en los escaparates la bandera de Andalucía. El presidente de la Diputación, que era todavía un miembro del franquismo, se negó a poner la bandera andaluza al lado de la española, que era todo lo que se pedía.

Estaba en la radio retransmitiendo el acto y mis compañeros iban con los participantes de la marcha. La gente caminaba feliz, contenta, cuando al pasar por delante de la Diputación se produjo un incidente. Por lo que sé, en aquel edificio oficial sólo colgaba la bandera española, y unos jóvenes se subieron uno encima de otro para poner la bandera de Andalucía, no para quitar la española. Al parecer había grupos de policías llegados de Córdoba, que no se sabe de dónde salieron, y que parecían estar preparados, esperando ese momento. Alguien debió de llamar al Gobierno Civil para decir que estaban atacando la Diputación, y desde allí, tal vez alguien ordenó a la policía que cargara. Y cargaron de una manera desproporcionada, con bombas de humo, contra las personas que se estaban manifestando pacíficamente. La gente me llamaba a la radio. ¡Decía unas cosas...! Y yo los escuchaba. Al final dije:

—Las fuerzas de orden público, de forma indiscriminada y con métodos que tienen mucho que discutir, han atacado al pueblo de Málaga, que se manifestaba pacíficamente en la calle, convirtiendo en día de luto para la ciudad lo que era un día de fiesta.

Después añadía alguna cosilla del tipo «Dios, qué buen vasallo...». La gente me decía:

—¡Mire lo que me ha pasado a mí, a mi hijo...!

Casi me quedé sin voz de aquel ardor político que tuve.

Ese mismo día ocurrió otro incidente a la altura del puente de la Aurora, cuando mataron a un chico de dieciocho años. Se llegó a comentar que se trataba de un joven drogadicto. Bueno, por muy drogadicto que fuera... Lo cierto es que nunca se supo quién le mató. La leyenda negra dice que fue un policía de paisano. Se creó una comisión que, como bien se sabe, es la mejor manera de no aclarar nunca las cosas. ¡Y ahí quedó todo!

Al terminar la retransmisión me fui a mi casa y durante dos días Málaga pareció un campo de batalla. No viví la guerra civil, pero aquello era la guerra. Esos grupos, que no se sabe de dónde salían, tomaron las calles, rompían los cristales de los escaparates... Los de Fuerza Nueva empezaron a decir que yo, que estaba en la radio, les iba diciendo a esos grupos, según ellos de extrema izquierda y según mi opinión de extrema derecha, dónde estaban los escaparates que no tenían la bandera andaluza puesta para que fueran a romper los cristales. En realidad, estaba en mi casa afónica, sin poder hablar durante varios días. Pero eso me quedó colgado para siempre. Incluso tengo cartas de uno de los más conocidos empresarios de grandes almacenes de Málaga poniéndome verde y asegurando que yo había puesto en peligro el medio de vida de trescientas personas. Demencial.

A partir de entonces comenzaron a amenazarme y a advertirme de que me colocarían una bomba en la radio. Lógicamente, tenía miedo. Recuerdo que había hecho una entrevista a unos chicos de Educación Física. A los pocos días me dijeron en la emisora algo que me aterró:

—Teresa, han llamado otra vez con amenaza de bomba.

Salimos corriendo y en la puerta me encontré a unos muchachos esperándome con un ramo de flores. Pensé: en el ramo está la bomba. Y salí huyendo. Eran los profesores de Educación Física para agradecerme la entrevista. ¡Los pobres se quedaron alucinados!

Otro día estaba con Carmen y Terelu en casa

y ocurrió algo que sucedía con frecuencia: se fue la luz. Recuerdo que me quedé petrificada en el sofá, con mis dos niñas pequeñas, sin atreverme a levantarme. Se habían fundido los plomos. Eso era todo lo que había pasado, pero creía que habían ido a por mí. En el cuadernillo reproduzco uno de esos anónimos, que aún conservo.

Hasta que el susto se convirtió en realidad: prendieron fuego a mi coche, que estaba aparcado en la calle. Ésa era la situación que se vivía entonces. Después, las cosas se fueron calmando.

Lo último que viví políticamente en Málaga fue el 23-F. Ese día llegué a la radio para grabar unas cuñas publicitarias cuando por los altavoces que tenían puesta la emisión escuché el desgraciadamente famoso «Todos al suelo». Creía que se trataba de una de las muchas novelas de la FM, hasta que al entrar, me di cuenta de que aquellas voces eran reales y procedían del Congreso de los Diputados. Todos los que vivimos aquella jornada recordaremos siempre la angustia de los primeros momentos, la entrada en el hemiciclo de Tejero, su forcejeo con Gutiérrez Mellado, el espanto de los disparos «bailando» por el techo de la sala, las imágenes de Valencia con los tanques en la calle, el discurso a medianoche del Rey...

Como estaba muy significada, recuerdo que la diputada del PSOE Chiqui Gutiérrez del Álamo fue a buscarme inmediatamente para sacarme de allí, porque la radio estaba al lado de un cuartel de la Policía Nacional, algunos de cuyos agentes, según me dijeron, habían hecho un comentario intimidatorio:

—A ésa tenemos que darle un escarmiento.

Ésa era yo. Chiqui me pidió que me fuera. Lo hice y al llegar a casa mi marido dijo:

—¿Por qué se tiene que ir? ¡Si viene alguien tendrá que pasar por encima de mi cadáver!

—Es que pasa —contestó mi amiga.

Ella siempre cuenta que, como yo no sabía cuánto iba a durar aquello y si nos iban a llevar a la cárcel, sólo tenía una obsesión: ir a por bragas.

—Bueno, por lo menos que me pueda cambiar de bragas —decía en medio de aquellos momentos de tensión. Por eso me fui a mi casa: a por bragas.

Luego me quedé en casa de mi hermano Tomás hasta que salió el Rey diciendo que había dado la orden a las Fuerzas Armadas.

—En fin —solté—, ha dicho que ha dado la orden..., pero no ha dicho si le van a hacer caso...

Días después sentí una de las mayores emociones de mi vida: fui la encargada de leer en Málaga el manifiesto de condena de la intentona golpista y a favor de la democracia. Imposible olvidar aquello; imposible, casi, explicar lo que era estar allí, con mis paisanos, los malagueños, y apostando una vez más por la libertad. La foto de ese día es uno de mis más queridos recuerdos.

Fue una época apasionante de mi vida. Hacía poco que había asumido la dirección de los primeros informativos andaluces de la cadena. Por eso me dieron el primer Ondas, cosa que no era muy normal que lo concedieran a alguien de provincias.

Además de ese trabajo presentaba en el Parque de Atracciones Tívoli a los famosos. ¡Qué recuerdos de tantas noches en aquel lugar mágico, maravilloso! Allí tuve la oportunidad de dar paso en el escenario y conocer a gente como Josefine Baker y, aunque parezca una tontería, de subirle la cremallera todos los días, porque llevaba unos trajes impresionantes, apretadísimos, y había que echarle una mano. Era una señora muy mayor que cuando salía a actuar se convertía en la estrella de siempre. He visto llorar a la gran musa del existencialismo, Juliette Gréco, porque sólo estaban llenas siete filas de butacas. Se metió en el camerino y hundida, con lágrimas en los ojos, me dijo:

—A mí ya no me quiere nadie.

No, simplemente que no debió ir allí nunca. Allí no estaba su público. También tuve ocasión de hacer amistad con una de las personas más sensibles que había en este país: Eva Sobredo, o sea, Cecilia. Con ella me carteé durante mucho tiempo. Cuando me fui de la radio y volví por mis pertenencias habían tirado todo lo que guardaba en mi taquilla, entre otras cosas la correspondencia de Cecilia. Eso no lo perdonaré nunca. Su muerte fue para mí un golpe muy fuerte. Hablábamos mucho y las dos nos queríamos, sentíamos la una por la otra un afecto verdadero.

El que se subía al escenario y nunca se quería ir era Rafael Farina. Eso suponía un problema. Las actuaciones del Tívoli eran gratuitas, un reclamo para que, al acabar, la gente cenara en los restaurantes, participara en las atracciones, y sacar así dinero... Y, claro, el teatro no podía durar más de una hora. Farina llegaba con sus fandangos y no había forma de pararle. Mi marido, que era el regidor de la sala, me decía:

—Sal a buscarle.

Pero el público pedía otra, y él, encantado:

—Les voy a cantar otro fandangazo...

Yo, nerviosa, e intentando despedirle, decía su nombre con mucho cuidado para que no se me echara el público encima:

—Rafael Farina...

Imposible. Hasta que un día mi marido, que tenía mucho carácter y rendía cuentas a los dueños del parque, me lanzó el aviso:

—Este año Rafael Farina sale del escenario cuando llegue la hora. Te lo aseguro.

Pero el día de la actuación los espectadores estaban entusiasmados, y Farina, más lanzado que nunca.

—¡Otra, otra! —gritaban. Y allá que iba el fandangazo 525. Hasta que José María pasó directamente a la acción: hizo ¡pum! y cortó la luz. Se acabó el concierto de fandangos. Problema resuelto.

He vivido los últimos años en el escenario de Pepe Blanco. Siempre estaba con el whisky en la mano y una frase chuleta en la boca:

—Tararí que te vi.

He llevado a Estrellita Castro al escenario, junto a Diego Gómez, porque casi no podía andar. La colocábamos allí, bajo los focos, y ella se crecía, se agigantaba su menuda y mermada silueta, con el caracolillo en la frente como la señal de identidad que había permanecido fielmente a su lado en su paseo por la gloria.

A raíz de los trágicos sucesos del 11 de septiembre me enteré de una cosa asombrosa relacionada con el Tívoli. Todos los días salía a presentar con un ballet que me acompañó durante diez años, Los Goyescos. Una de las bailarinas, Mari Carmen, se quedó embarazada, y estábamos muy preocupados porque tenía que seguir trabajando y había riesgo de que perdiera el niño. Al año del 11-S hice en Tele 5 un programa especial. Entre los invitados estaba Iván Chirivella, el piloto que enseñó a volar a Mohamed Atta y a Marwan al-Shehhi, los dos pilotos suicidas que derribaron las Torres Gemelas. Cuando el chico se sentó en el plató me dijo:

—Saludos de mi madre.

Le pregunté quién era su madre.

—Mari Carmen, de Los Goyescos.

Sorprendida, le contesté:

—¡Así que tú eres el hijo que ella esperaba cuando bailaba en el Tívoli…!

Quién me iba a decir en ese momento que el niño que esperaba aquella mujer sería años después el hombre que enseñaría a volar a los dos terroristas que derribaron las Torres Gemelas…

El viaje

> (...) viven de esta forma, cobijados en su delicado mundo. Entonces lees un libro, o haces un viaje o hablas con un colega y descubres que no estás viviendo, sino hibernando. Los síntomas de la hibernación son fáciles de detectar... primero, agitación. El segundo síntoma (cuando la hibernación se vuelve peligrosa y puede causar la muerte) es la ausencia de placer. Y eso, es todo. Parece una enfermedad inocua. Millones viven así (o mueren así) sin saberlo. Trabajan en oficinas, conducen un coche, crían a sus hijos y entonces tiene lugar alguna especie de terapia de choque... una persona, un libro, una canción, que los despierta y les salva de la muerte.
>
> ANAÏS NIN, *Diarios*

Eso me ocurrió a mí. Algo pasó; algo que en principio no parecía estar en el guión de mi vida o previsto en lo que otros llamarían, de una manera que no me gusta: mi destino. Ya he dicho anteriormente que en lo que creo es en el azar. Y el azar, en este caso, tenía un nombre: Juan Fernández Lozano. Había sido mi jefe de siempre en Málaga y le nombraron director de Radiocadena Española.

Inmediatamente me hace una proposición que daría un giro espectacular a mi vida, una de esas vueltas que terminan siendo, como se verá, definitivas y que habría de marcar, en contra de todo lo esperado, mi futuro. Juan me ofrece irme a Madrid para formar parte de su equipo, y nada más y nada menos que como directora de Informativos de la cadena. En mi situación, ningún profesional habría podido rechazar esa oportunidad. Y la aproveché.

Cuando sucedió eso era una mujer que libraba una batalla interior por cambiar su vida sentimental en un momento —el año 1981— en que el divorcio, en nuestro país, era muy reciente. Estaba contemplado por ley, pero la realidad social no había experimentado la suficiente evolución para que la calle observara con normalidad un nuevo derecho tantos años negado.

Aquí he de ser muy sincera. No me gusta el término, pero la verdad es que la «oferta de trabajo» fue, a la vez, la coartada que me permitió cambiar mi vida personal y recuperar mi libertad. De pronto me encontré con la posibilidad de crecer, de hacerlo en un medio laboral que amaba y de reconocerme como mujer, como ser humano que no quiere ahogar sus sentimientos bajo las aguas detenidas de un pantano. Cuando ya pensaba que todo estaba hecho, que en adelante mi papel se limitaría a dejarme llevar por la rutina y la inercia de los acontecimientos cotidianos, me di cuenta de algo muy importante y valioso: todavía podía soñar.

Unos meses antes de aquel momento tan crucial ya había tratado de plantearle a mi marido la necesidad de una separación. Él me presionó moralmente para no hacerlo. De nada me sirvió el principal y evidente argumento de que nuestro matrimonio estaba acabado. Al mismo tiempo le tenía un gran cariño a José María como persona y padre de mis hijas. Para mí era casi como un hermano. Pero no le amaba como marido. Había estado conmigo desde los diecisiete años y no quería hacerle daño; jamás pretendí causarle dolor, pero tenía que irme, decirle adiós y emprender un nuevo rumbo. Lo hice al presentarse esta «coartada de trabajo». Sólo así podía alejarme de Málaga e intentar romper lo que en realidad, y de una forma irrecuperable, estaba ya roto.

No fue fácil escapar. Ni sencillo que algunos de los que me rodeaban, de los que más me querían, fueran capaces de entender mi decisión. Mi madre, que siempre nos ha protegido mucho, quizá en exceso, a mis hermanas y a mí, me cogió a solas y me expresó sus temores el día que le dije que me iba a Madrid. Hizo todo lo posible por disuadirme:

—¿Qué vas a hacer? Vas a romper tu matrimonio. Piénsalo bien, te puedes quedar sola. Puedes ser tremendamente desdichada...

No la dejé acabar. Estaba muy segura del paso que iba a dar y le contesté:

—Durante casi cuarenta años he hecho siempre lo que decías que había que hacer. Ahora quiero equivocarme haciendo lo que yo creo que tengo que hacer. Y lo que me apetece.

—Hija mía, lo que temo es que puedas ser una desgraciada.

—Por si no lo sabes, llevo muchos años, muchísimos, siendo precisamente eso, una desgraciada.

Me respondió que, efectivamente, ella no sabía nada; ignoraba los lados sombríos de mi vida, los años de sufrimiento, la señal de tristeza que queda fijada en la mirada de quienes, como a mí me había ocurrido, hemos soportado en silencio el peso oscuro de la infelicidad.

Mi madre nunca volvió a decirme nada y siempre me comprendió. Y yo, a punto de salir de la casa que había compartido tantos años con mi marido, iba a hacer lo mismo que la Nora de *Casa de muñecas*, de Ibsen: cerrar la puerta e irme.

Mis hijas estaban ajenas al hecho de que me fuera. No le dieron la importancia que tenía para mí. Sabía lo que estaba haciendo; era muy consciente del paso que estaba dando, del camino sin retorno que estaba a punto de emprender.

Dejaba a las niñas en Málaga; ya eran mayores, tenían el colegio enfrente de casa y además iría a verlas, como así ocurrió, cada fin de semana. Pero en el momento en que me iba, ellas estaban dormidas. Entré en su habitación muy despacio, sin hacer ruido para no despertarlas, me acerqué a sus camas para darles un beso y en ese instante siento a Terelu, que me dice:

—Mamá, ¿me das cien pesetas?

Eso me hundió. No paré de llorar hasta que llegué a Madrid. En ese momento fui consciente de que no iba a estar allí al día siguiente para que me dijeran eso: «Mamá, dame cien pesetas.»

Me pasa en el programa. Hay días que salgo y me como el mundo, pero viene alguien y dice algo que me puede herir y me desmorono. Soy muy vulnerable, tengo mucho sentimentalismo y me gusta expresarlo. Odio a las personas que dicen que tienen muy controlados sus sentimientos. De hecho, he dado con hombres en mi vida de esos que no podían decir «te quiero» porque había que tener dominadas esas cosas. En cambio, creo que el sentimentalismo es uno de los valores que nos separan de los animales, como la risa. ¿Por qué no vas a expresar lo que sientes? Eso es una grandeza. Hay gente que piensa que uno es más valioso si es capaz de controlarse. Creo que es al revés: uno es valioso cuando tiene la humildad de decir en un momento dado que está jodido.

Y aquella mañana, camino de Madrid, a las puertas de iniciar mi segunda vida, yo estaba jodida. Muy jodida.

Segunda vida

Madrid, Madrid

Las primeras semanas en Madrid las pasé en casa de mi tía Amparo y de mi tío Pepe, en la calle de Fernán González. Pero luego tuve que ir a vivir sola. Nunca olvidaré mi primera noche en el apartamento que había alquilado en la calle de Ayala. Aquella niña llena de miedos, que nunca había dormido sola, tenía que demostrarse a sí misma que era capaz de eso y de muchas cosas más. Si había tomado una decisión tenía que llevarla hasta el final con todas sus consecuencias. Con todos los riesgos.

Aquella noche marcó la frontera entre mi primera y mi segunda vida. Era el inicio de un camino diferente, de una mujer distinta, más fuerte, más segura, menos pusilánime y menos vulnerable.

En seguida hice amigos en el trabajo. Tenía treinta y nueve años y salía con los de veinticinco, con la pandilla de mi querida Pilar Falagán. A ella debo agradecerle que me relacionara con gente muy interesante, con pintores, poetas, artistas... ¡Todo era tan nuevo para mí! Me lo pasé muy bien. Entraba, salía... No tenía que rendirle cuentas a nadie. Sí, he sido muy noctámbula. Muchas de esas madrugadas era habitual encontrarme en un sitio maravilloso: Bocaccio. Era el único lugar en el que, siendo mujer, podías ir con una amiga sin que nadie pensara que buscabas exclusivamente ligar. Allí conocí a compañeros como Raúl del Pozo y José Luis Gutiérrez; a actores como Francisco Valladares y María Asquerino, que siempre estaban juntos; a miembros de la judicatura, a ministros..., en fin, a gente que me enriquecía y con la que podía conversar de cualquier cosa en un momento apasionante para el país y, por supuesto, para mí. Fue una etapa hermosa, un tiempo en el que la libertad llegaba por fin a mi vida y también, por qué no reconocerlo, la sexualidad en su pleno sentido; o sea, en sus cinco sentidos. Pero yo iba buscando el enamoramiento y el sexo todo junto. Y ése es otro cantar del que hablaré más adelante.

Estamos todavía en mi llegada a Madrid, tan sólo quince días después del 23-F, a una ciudad en la que me encontré un ambiente menos progresista que el que había dejado en Málaga. El clima que se respiraba, en general, era más carca. No digo que no fueran una minoría, no lo sé... Pero salvo excepciones, como la ya mencionada Pilar Falagán, el tono era bastante más conservador.

En el trabajo tuve que enfrentarme a una realidad: aunque ya tenía una larga carrera a mis espaldas, para mis nuevos compañeros yo era una absoluta desconocida. Naturalmente, de entrada, tuve que sufrir el famoso comentario machista:

—¿A ésta quién la habrá traído aquí...?

—Pues imagínatelo: se estará tirando al jefe.

No hace falta que aclare que yo no me había tirado a nadie. Se lo pude demostrar, con el tiempo, al equipo. Era gente muy joven, en algunos casos recién salidos de la Facultad de Periodismo, como Juan Ramón Lucas, a quien apoyé porque me gustaba cómo hacía las cosas; Gabriel Campos, que luego fue director de Radio Nacional de España, y un extenso etcétera. Me sentía valorada y respetada por ellos, porque yo no era una jefa de Informativos encerrada en un despacho, sino alguien que salía a la calle a trabajar. Me iba al Congreso de los Diputados, donde había debates tan apasionantes como el de la colza o el del caso Almería. Tenía diez o quince años más que la mayoría de mis compañeros, pero entre nosotros existía una gran unión, unas ganas enormes de hacer bien y sin escatimar esfuerzo nuestra labor. Siempre he hecho mi trabajo con el corazón. No conozco otro sistema. Y eso fue lo que les transmití a ellos: pasión e ilusión. De ahí que muy pronto dejaran de preguntarse lo de «¿quién será ésta?» y responderse «una que se estará tirando al director», para llamarme de una manera que aún hoy me recuerdan:

Cojonudita de Málaga

Por lo tanto, a partir de los cuarenta años viví lo que otras mujeres habían conocido con dieciocho o veinte. Eso no restó ni un ápice de entusiasmo a la etapa —¡tan trascendental!— que estaba iniciando. Conocí a personas que, desde entonces, son mis amigos, como el íntimo y entrañable Arturo González, a quien me presentaron una de aquellas noches de Bocaccio junto al tristemente desaparecido Fernando García Tola. Ambos estaban haciendo en televisión el programa «Buenas noches» con Carmen Maura. Ella era ya una buenísima y acreditada actriz, pero para hacer entrevistas un poco más a fondo, como las de tema político, pusieron en marcha una fórmula que consistía en invitar a un periodista. Como yo era la directora de Informativos de Radiocadena, me llamaron para entrevistar a una reportera de El Salvador cuando aquel país padecía una extremada y dramática convulsión. La cosa salió bien y supuso mi primer trabajo a fondo en televisión.

Fue, como digo, una época apasionante en la que viví acontecimientos inolvidables, como el triunfo del PSOE en las elecciones generales de 1982, y vi de cerca la legendaria imagen de Felipe González y a su lado Alfonso Guerra saludando desde la ventana del hotel Palace. Aunque nunca he tenido carnet de ningún partido, aquello significaba que en España podía gobernar la izquierda sin que hubiera una guerra ni un golpe de estado. Ése era el verdadero triunfo de la democracia: la necesidad que tenía nuestro país de una pasada por la izquierda. La frase fue luego utilizada peyorativamente durante los muchos años de gobierno socialista, en los que hubo cosas buenas y malas. Pero entonces, en aquel día de jornada electoral, se trataba de una noche histórica y llena de ilusión, que siempre recordaré con el emocionado abrazo que me dio frente al Palace Manuel Antonio Rico. Lo que sí puedo decir es que, al margen de la afinidad que haya tenido, no me ha ayudado nadie: en 1982 yo tenía cuarenta y un años y me costó mucho trabajo abrirme camino. Incluso vendrían momentos muy difíciles, como cuando me cesaron como jefa de Informativos y me quedé con la mitad del sueldo. Traté de buscar nuevas salidas y apunté en dirección a algo que creía que podría solucionar ese problema: el doblaje. Le pedí a Alfonso Gallardo, que entonces era una primera figura de esa profesión, que me dejara acompañarle. Yo tenía cuarenta y cuatro años y me sentaba en el suelo para ver cómo ellos ponían sus voces a los actores extranjeros. Necesitaba el dinero y esperaba que algún día me dieran algún papelito. Así estuve una temporada, hasta que me cansé al darme cuenta de que era un coto muy cerrado del que no podía esperar nada. Intenté más cosas, como la publicidad, que tanta había hecho en Málaga y que considero que se me da bastante bien. Me presenté a varias pruebas y el resultado fue el mismo que en el doblaje, porque también aquello era un territorio copado por los que ya estaban dentro: ni un solo trabajo. En fin, que no había manera de ganar más de las 88 000 pesetas que cobraba en nómina. Pero estaba decidida a seguir. Y seguí, pese a que me esperaba el más duro y doloroso golpe de mi vida: la muerte de mi marido.

Mi marido

Me casé con un hombre estupendo, pero que estaba marcado, seguramente, por la educación de la época, por aquella doble moral que tanto daño ha hecho a la gente de mi generación. José María era cazador, le gustaban mucho las armas y tenía una pistola guardada entre los calcetines y los pañuelos. Yo he vivido con una persona que cuando hacía cosas que yo consideraba que estaban mal su reacción era violenta. Si le llevaba la contraria en algo, iba al armario donde tenía la pistola, la cogía y decía algo que todavía hoy me estremece recordar:

—Yo lo que tengo que hacer es quitarme de en medio.

Esto que cuento no quiero que se interprete, en ningún momento, como que a estas alturas hablo mal de quien fue mi marido. Simplemente expongo una característica de su personalidad. Incluso creo que esas cosas no las decía para asustarme a mí, sino que las soltaba porque realmente dentro de él había una parte que rechazaba esa manera de ser. Y digo que sería verdad lo que decía, aquella continua amenaza, porque un día lo hizo.

Además de la educación de la época, es posible que mi marido fuera producto de muchas cosas. Para empezar, tenía que haber dado con una mujer que no fuera como yo. A los dos nos unía mucho el trabajo. Ése era el territorio común y el lugar en el que, como ya he relatado, nos conocimos. Como entonces se llevaban los noviazgos largos, estuvimos cortejando siete años, demasiado tiempo para que las cosas no se deterioraran, como así ocurrió. Pero, claro, José María ya era mi novio de toda la vida, y en esa época tú no podías tener muchos aspirantes, muchos pretendientes. Yo siempre había dicho que quería casarme. Había sido educada para eso y, aunque tenía una profesión, no se concebía que una mujer intentara realizarse primero en el ámbito laboral. No: una mujer como Dios manda tenía que ser primero, y ante todo, esposa y madre de familia.

Él tenía una peculiaridad que facilitaba las cosas en ese sentido: éramos compañeros de trabajo y me permitía desarrollarme en ese campo. Era, como digo, un buen hombre que tenía algunos rasgos de personalidad problemática, que sufría conflictos internos, como lo acredita su propio final.

Yo me siento satisfecha de haber compartido con él siete años de noviazgo y diecisiete de matrimonio. Quizá en otra época, otra mujer que no fuera yo, independiente económicamente como era mi caso, a lo mejor se hubiera separado antes de él. Yo no lo hice. Tenía dos motivos: mis hijas y que no quería hacerle daño. Pero llega un momento en la vida en que las cosas se plantean en el sentido de «tú o yo». Yo creía que ya había dado suficiente y que tenía derecho a vivir la vida, mi vida.

Mi matrimonio no había sido feliz. Estaba marcado en buena medida por la mala información sexual y ese tipo de cuestiones. Mi primera «satisfacción» como mujer la tuve con casi cuarenta años. A partir de esa edad es cuando empecé a vivir plenamente mi sexualidad como mujer. He pagado por ello un precio altísimo, porque escribieron una página negra en mi vida.

Yo ya estaba asentada en Madrid y veía a José María cada vez que iba a Málaga. Nunca le pude decir que me quería separar legalmente, porque eso no era posible. Así que, bueno, vivíamos una situación de hecho, que no de derecho.

Llevaba tres años y medio en Madrid cuando

una noche, después de hacer en la radio «Apueste por una», me fui a cenar y llegué tarde a casa. En ese momento sonó el teléfono. Era mi compañera Ángeles Macua. Me dijo que llamara en seguida a mi casa, a Málaga, ya que me tenían que decir una cosa. A mí me dio un ataque de nervios, porque mis hijas estaban allí y pensé que habían sufrido un accidente. Empecé a gritar y a preguntar a voces: «¿Qué ha pasado, qué ha pasado?»

—¡Dime lo que pasa! —le rogué angustiada a Ángeles.

Y me lo dijo:

—Tu marido se ha pegado un tiro.

Yo estaba sola en casa y me fui, literalmente, dando golpes por el pasillo contra las paredes. Sólo acertaba a decir una cosa: «¡Lo ha hecho, lo ha hecho!», porque yo había vivido a su lado esa amenaza constante. La amenaza que en un momento determinado pensé que no era justo que paralizara mi vida, que tenía derecho como cualquiera a rehacer mi historia personal después de no haber sido feliz con esa persona en los veinticuatro años que estuvimos juntos. Estoy convencida de que si él hubiera encontrado a otra mujer hubiera vivido menos tiempo porque le habría dejado antes. Me refiero a una mujer de mis características. Yo he salido a hacer todas las cosas que fueran necesarias: la radio, el Tívoli, la publicidad... Todo lo que pudiera contribuir a que mis hijas vivieran como unas reinas.

Aquélla fue una noche terrorífica en mi vida. Se fueron a casa, a acompañarme, varias amigas, entre ellas Pilar del Río, Pilar Falagán, Paz Fernández... y mi querido hermano Paco. Estuvimos toda la madrugada en blanco, porque yo no tenía billete de avión hasta las ocho de la mañana. En esas interminables horas te haces muchas preguntas: por qué te pasa eso a ti, qué has hecho de malo para que te ocurra una cosa tan dramática. Y empecé a recordar lo que había sido mi vida y mi matrimonio, lo que había hecho, cómo había sido con él... Y recordé que hasta los cuarenta años le había sido absolutamente fiel. Todo eso me dio mucha tranquilidad en medio de tanto dolor, porque, aparte del horror de lo sucedido, de lo que tuvieron que sentir mis pobres hijas, no le guardo ningún rencor. Creo que era un enfermo y para mí es como si se hubiera muerto de un infarto. Intenté que mis hijas comprendieran eso. Pero claro, ellas, sobre todo Terelu, no lo podían entender. Terelu siempre se preguntó por qué su padre había hecho una cosa así, se preguntaba si ella no le importaba nada a él. Yo trataba de convencerla de que su padre estaba enfermo y de que, desde luego, por encima de toda duda, las adoraba. Precisamente hizo eso porque no pudo pensar en ellas. Mi hija Carmen se iba a ir ese día con él a Marbella. Le llamó por teléfono.

—Papá, que me voy contigo mañana.

—No te precipites —le contestó él—; mañana tengo que ir a Ronda.

Nunca fue. No le dijo nada. Y creo que una persona que tiene ese problema y está decidida a hacer lo que él hizo, no puede concederse ni un minuto de sentimentalismo. Por eso no comentó nada a sus hijas. Siempre les he dicho que no es que no las quisiera, sino que si en aquel momento hubiera bajado la guardia y le hubiese confesado a Carmen que la quería mucho, a lo mejor no hubiera podido dar un paso tan trágico. Y él estaba decidido a hacerlo, porque era su mente la que había tomado la decisión de suicidarse. No quiero hablar más de esto.

La vida sigue

La muerte de José María me dejó destrozada. Después de asistir a su entierro en Málaga, mis amigas Amparo Rubiales, Lola Cintado y Pilar del Río no querían dejarme sola ni un instante. Nunca olvidaré su comportamiento, el cariño con el que me trataron en un momento tan delicado de mi vida. Su apoyo fue esencial en aquella situación tan brutal, tan inesperada, a la que tenía que enfrentarme y tratar de superar. Así que las tres cerraron filas y no me dieron opción:

—Tú te vienes con nosotras a Sevilla.

Y me fui. Me instalé en casa de Amparo Rubiales, en un chalet muy bonito que tenía y donde los esfuerzos de las tres se centraban en intentar que yo olvidara lo sucedido. Lo intentaron de todas las maneras. Incluida, por supuesto, una de mis debilidades: comprando.

—Mira, hoy nos vamos a El Corte Inglés.

Fuimos y me compré un traje precioso que jamás he querido regalar porque, para mí, significa un poco eso..., la imagen de un hecho trágico y personal, una circunstancia muy íntima que lógicamente ha quedado grabada en mi memoria.

Para terminar una tarde tan comercial, una de ellas propuso que nos lleváramos una película para verla en casa. Creían que sería una buena manera de distraerme. Por consiguiente, nos dirigimos a la sección de cine. Cabe imaginar los miles de cintas de todos los géneros, las montañas de vídeos desde cuyas carátulas asomaban los rostros de actores y actrices bajo los más diversos y prometedores títulos. Como se trataba de animarme, de mimarme para que yo estuviera bien, tuvieron la deferencia de que yo eligiera.

—Teresa, coge la que tú prefieras.

Entre aquel laberinto de películas, no sé por qué, me quedé con una, uno de cuyos protagonistas es Fabio Testi: *La herencia Ferramonti*. ¡Qué elección más inoportuna!

Una vez en casa nos sentamos tranquilamente en el sofá para ver aquella película que, supuestamente, formaba parte del plan para que yo olvidara en lo posible un momento tan duro. Pero cuando empezó y vi de qué iba la historia, comencé a ponerme nerviosa: los protagonistas son una mujer mala y su marido. La tensión llega a su punto culminante cuando él saca una pistola y, en el instante en que ella cree que va a matarla, el hombre se pone el arma en la sien y dice una frase demoledora: «Esta muerte recaerá sobre tu cabeza.»

Y, a continuación, el tío va y se pega un tiro.

¡Me dio un ataque! ¿Cómo era posible que entre un montón de películas yo hubiera cogido ésa, precisamente ésa?

Pilar, Amparo y Lola se quedaron estupefactas y las pobres no sabían qué hacer para quitar hierro al asunto.

—Pero, mujer, ¿tú qué tienes que ver con esta de la película, que es una mala, malísima...?

Después, para desdramatizar, les dije:

—¡Esto es una señal: algo me ha hecho coger esta película para que supiera...!

Como ya he dicho, estaré eternamente agradecida a esas amigas por el apoyo que me dieron en aquella ocasión. Pero tenía que regresar a Madrid. Tenía que recuperar la normalidad, continuar —pese a todo— con lo que ya era mi segunda vida. No había tiempo ni debía haber motivo para mirar hacia atrás. Estaba en mi derecho de no renunciar a la felicidad: al menos tenía que intentarlo. Eso pasaba por continuar con mis ambiciones profesionales y, naturalmente, por abrirme a los sentimientos, por descubrir ese camino, a veces sinuoso, a veces maravilloso o decepcionante, que siempre supone el amor. Porque yo, con los hombres —con los hombres que me gustan, claro—, lo que he buscado siempre es lo más hermoso y difícil: el amor.

Por cierto, ya en Madrid, en esos días difíciles, nunca olvidaré la ayuda inestimable de un amigo llamado Felipe Garrigues.

De la radio a la tele

Después de tantos años en la profesión había un medio que desconocía pero que, no lo voy a negar, me producía una gran curiosidad: la televisión. Había crecido —sí, literalmente: crecido— en la radio. Sin embargo, aquella pantalla, aquel modo de contar el mundo con imágenes, me tenía fascinada. Yo quería estar ahí, formar parte del grupo de periodistas a los que la gente podía ponerles una cara, identificarlos mientras les daban las noticias o hacían una entrevista. Quería probar. Lo que no sabía es que eso también formaría parte de lo que yo llamo mi segunda vida.

La oportunidad me la dio Ramón Colom. Le conocí a través de Juan Ramón Lucas y Ernesto Esteve, y desde entonces nos hicimos muy amigos. En aquella época, él presentaba «Informe semanal» y hacía un espacio de cine en la radio, donde yo era jefa de programas. A la amistad que teníamos se unía que Ramón siempre había valorado mucho mi trabajo y le gustaba mi manera de hacer las cosas. Años después, cuando le nombraron director de programas no diarios de TVE, me comentó que quería que hiciera algo en televisión. Simplemente me dijo eso. Por lo que yo, que nunca he sido de llamar, esperaba que él se pusiera en contacto conmigo. Y pasó el tiempo.

Finalmente me llamó.

—Estoy preparando un programa que tiene mucho que ver con lo que haces en la radio; una especie de magazine con concursos, vídeos, música..., un programa que te iría muy bien.

—Pues nada, me llamas cuando quieras.

Ésa fue mi respuesta. La suya fue la de un largo silencio, hasta que al cabo de unos meses salió un programa en TVE que se llamaba «La tarde» y lo presentaba Pepe Navarro. Como sus contenidos respondían a lo que él me había comunicado, di por hecho que a última hora había decidido dárselo a Pepe en lugar de a mí. Tengo que decir que fui la primera jefa que tuvo Pepe. Le conocí porque, cuando era responsable de programas en la radio, él, a través de una productora de Barcelona, llegó a un acuerdo con la dirección —que no conmigo— para presentar las mañanas en la cadena. Recuerdo que era inútil intentar saber lo que iba a hacer y más difícil todavía controlarle.

Siempre le hacía la misma pregunta:

—Bueno, Pepe, ¿qué vas a hacer hoy?

Al final, él salía del despacho y yo me quedaba en mi silla con una sola cosa clara:

—No me he enterado de lo que va a hacer.

A lo mejor ahí residía su encanto. Era imposible someter su espontaneidad a cualquier tipo de norma. De ahí que, como sabemos, Pepe haya hecho siempre lo que ha querido. Fue un innovador, un gran provocador, y eso, lamentablemente, se paga. Lo que resulta indudable es que ha sido una de las más grandes estrellas de la tele en las últimas décadas, desde que —perdóname, Pepe—, puede que sin saberlo, me quitaste «La tarde».

Supongo que poco después de entrar en Radiocadena debió de conocer a Ramón Colom y que éste pensaría que era más idóneo que yo para hacer «La tarde». De hecho, aunque me sentó mal, y pese a que Ramón jamás me comentó que ése era el programa que había pensado para mí —verde y con hojas...—, he de confesar que hizo bien en encargárselo a él. Pienso que creyó que aquel chico joven y guapo iba a gustar a las señoras. Sí, Pepe tenía un gran encanto. Es un animal televisivo como pocos. Él fue el primero en hacer muchas cosas en televisión, y quizá la más importante consistió en desacralizar el medio.

Pero parecía que, como tantas veces en mi vida,

yo estaba predestinada para hacer ese programa. Antes de llegar ahí tuve una conversación con Ramón en la que, viendo que él probablemente no se atrevía a ofrecerme cosas de poca monta por ser la directora de Informativos de Radiocadena, no tuve más remedio que ser muy sincera con él:

—Lo que quiero es empezar desde abajo y conocer el medio, así que no te preocupes. No tengo pretensiones de dirigir un programa.

A los pocos días me habló de «Estudio directo», un programa que se hacía los domingos con información del hipódromo y complementado con una parte dedicada al mundo del espectáculo. Me fui a la calle como reportera. Y me fui encantada. El primer trabajo que hice pagado en televisión fue una entrevista a Raphael, que actuaba en un teatro de la Gran Vía madrileña. Después, a Eugenio, José Luis Moreno... Hasta que Ramón Colom me preguntó si quería ir a unas pruebas para presentar los telediarios. Por supuesto que lo hice. Estaban también Paco Lobatón, Concha García Campoy y Ángeles Caso. La verdad es que les gusté mucho, pero... En ese momento, Pepe Navarro se fue a Miami y le sustituyó Nuria Gispert, quien de la noche a la mañana dijo que se iba. Y fue entonces cuando, por fin, Ramón Colom me propuso «La tarde». Yo estaba preparada para hacer ese tipo de programas y, aunque me llamó un sábado para empezar un lunes, dije que sí. Siempre decía que sí a todo. Por fin, en aquel momento, tenía la primera oportunidad importante televisiva.

No duró mucho tiempo la felicidad. A los tres meses decidieron poner a otros dos presentadores más. Por cierto, a uno de ellos lo habían llevado de su casa; a ella, del cine, aunque no había hecho televisión. Cada día que iba tenía menos que hacer, notaba que me estaban haciendo el vacío, arrinconándome. Me fui. Estaba demasiado incómoda para continuar allí. Lo siguiente que hice fue «Parlamento» y a continuación me dieron el peor de los destinos: el pasillo. Pero aquello no era para mí. Por lo tanto, después de esperar unos meses a que me llamaran, me presenté en el despacho de un buen amigo mío, que siempre me hacía elogios, pero que nunca me daba trabajo. A ese amigo, entonces director de Informativos, sólo le pedí que me pusiera en contacto con Jesús Hermida, que había empezado a hacer la mañana en televisión.

Fue entonces cuando conocí a Hermida. Y pasó eso que él ha contado tantas veces:

—Se sentó frente a mí, me retó, la reté: «¿Qué crees que puedes hacer en este programa?»

—Lo que hacía en la radio: «Apueste por una.»

—Ya... Pero ¿cuándo lo harías? —me preguntó aquella mañana de un viernes.

—Cuando quieras.

—¿El lunes?

—Pues el lunes.

Durante todo el fin de semana, Patricia Ballesteros y yo ensayamos nuestro primer «Apueste por una» en televisión. El tema era: «Si el marido de su amiga se la pegara con otra, ¿se lo diría?» Ella decía que sí y yo que no. Lo hicimos. Habíamos pasado la prueba de fuego. A Jesús le gustó tanto que me mandó a buscar por una azafata y me pidió que lo hiciera todos los días.

Todo lo que sé de televisión y de un programa de televisión lo aprendí con Hermida. Me fijaba mucho en su manera de dirigir, en su fabuloso sentido del espectáculo. Aunque he tenido muchas diferencias con él, siempre he sentido que me valoraba. Y, como se verá más adelante, me lo demostró.

No quiero desaprovechar la ocasión para aclarar una vez más —¡y van... mil!— cuál es la realidad de la famosa pelea televisiva, en directo, entre Jesús y yo.

Todavía hoy, más de quince años después, la gente me pregunta: «¿Y aquella pelea que tuvo con Hermida fue de verdad...?» Quiero que de una vez por todas quede constancia de ello por escrito.

Era 28 de diciembre, día de los Inocentes. Llegué al programa por la mañana y le hice una pregunta a Jesús:

—¿Quieres que demos una inocentada?

—¿Qué se te ocurre?

—Nos peleamos y tú me echas.

—De acuerdo.

Eso fue todo lo que preparamos.

Ya en directo, él buscó la polémica y yo le seguí el rollo. Y, perdónenme la vanidad, debimos de ser tan buenos que todos quedaron convencidos de que Jesús Hermida y Teresa Campos habían tenido una bronca en directo y él la había despedido.

Es mi vídeo más famoso de una etapa televisiva de ilusiones junto a uno de los periodistas que está en la historia de la televisión por méritos sobrados: Jesús Hermida. Te quiero, Jesús. Sé feliz.

Los hombres

Sí..., los hombres. Haber tenido una educación tan proteccionista me ha inculcado la necesidad de encontrar uno que cubriera ese vacío. No creo, sin embargo, como aseguran muchos, que las personas no cambien. Yo estaba dispuesta a hacerlo. De hecho, a lo largo de mi vida, he modificado algunas pautas y pensamientos. No es una tarea fácil, pero se puede. Primero hay que ser capaz de llegar al fondo de tu propia alma, ser sincero, valiente y reconocer sin trampas cómo eres verdaderamente, sin ocultarte nada, sin engañarte. Tienes que descubrir tus defectos y virtudes, ver tus cosas positivas y las negativas, y detenerte a averiguar qué actitudes provocan todo lo que te sucede; sobre todo, tienes que mirar lo que no te gusta de ti mismo. Eso, junto a un fuerte deseo de vivir lo que todavía no has vivido, y en el tiempo que te queda, puede ser el motor del cambio.

Yo lo puse en marcha. Un querido amigo que ha significado mucho para mí y que fue un amor platónico, porque era sacerdote, me dio una vez una tarjeta impresa con una frase: «Señor, dame fuerzas para cambiar lo que se puede cambiar y para aceptar lo que no se puede cambiar.»

Aún hoy la conservo, especialmente en mi cabeza, porque al margen de su aspecto religioso me parece una magnífica filosofía de vida que he tenido que aplicar para avanzar en situaciones difíciles.

Y eso incluye, desde luego, el acercamiento y conocimiento que desde mi llegada a Madrid estaba teniendo de los hombres. Ya dije que buscaba, en el mismo lote, el enamoramiento y el sexo. Juntos, sin separar una cuestión de la otra. Pero lograrlo es como encontrar un tesoro: casi imposible. Tardé muchos años en conseguirlo y, entonces, me di cuenta de que muchas veces los hombres te engañan. Tú crees que lo que te dicen es verdad y tragas con su verborrea, con el juego pirotécnico de unas palabras que en ocasiones esconden, como mínimo, el valor de la pólvora mojada. Detrás de esa fachada y de tanto «pim-pam-pum» anida, sutilmente, el alma nada ingenua de una estrategia.

Hay cosas que son de manual, como cuando te sueltan el recurrente argumento de que se llevan mal con su mujer y que si tal y cual... Hace muchos años que dejé de creer en eso. Es, como digo, una estrategia masculina que ha variado muy poco con el tiempo.

He querido mucho, pero no sé si me han querido a mí. Lo que sí he tenido es bastante facilidad para, digamos, ligar. Sobre todo en las distancias cortas. Ahí se me ha dado estupendamente, aunque la misma fascinación que puedo despertar en ese terreno después los atemoriza y los echa para atrás. ¡Huyen como conejos! Hace poco fui al programa de mi hija Terelu y me quedé de piedra cuando la niña me espetó:

—Oye, algunos dicen que has sido una devorahombres.

¡Qué exageración! Insisto en que siempre he ido buscando el amor, la estabilidad de una pareja. Otra cosa es que ellos me salieran ranas. Y me salieron un montón. Claro que también he sabido reaccionar: cuando he comprobado que lo que me decían no era verdad, he roto. Nunca me he conformado. De esta época de mi vida voy a contar algunas anécdotas y algunas historias a cuyos protagonistas prefiero no poner nombre.

Un día estaba en un sitio público con un grupo de personas, entre ellas un hombre que había sido presidente de una Comunidad Autónoma. Alguien propuso irnos a tomar unas copas al Portón, un local que entonces estaba muy de moda. Este señor que, insisto, ya no era presidente de ninguna Comunidad Autónoma se dirigió a mí y me dijo:

—Vente conmigo, María Teresa.

Me subí al coche con él y su chófer. El político en cuestión se puso en plan..., ¿cómo decirlo?, bueno, en plan pulpo. Como le tenía mucho respeto le di un pequeño corte, aunque aclaro que tampoco soy una estrecha y dejo aquí en el aire si ese hombre me gustaba o no. El caso es que cuando llegamos al Portón me senté a su lado y, bajo la atenta mirada de sus guardaespaldas, que estaban en la barra, intentó darme un beso... Ojo: sólo lo intentó. Al ratito le dije que me disculpase un momento, ya que tenía que ir al baño. Cuando regresé, vi su silla vacía: los guardaespaldas se lo habían llevado y me había dejado allí sola. Desde aquí se lo digo ahora, señor ex presidente de Comunidad Autónoma: ¡eso no me había pasado con ningún hombre! Creo que lo que ocurrió fue que se había tomado alguna copa de más y ya tenía pactado con los encargados de su seguridad que si hacía el ridículo se lo llevaran. ¡Vamos que si se lo llevaron!

Tuve una relación con un actor muy guapo que me gustaba muchísimo. Me cogió en una etapa en la que me encontraba bastante rara, uno de esos períodos en los que te sientes baja de moral. Me lo presentó una amiga que, se suponía, era a ella a quien le gustaba aquel hombre. Pero en cuanto me vio, fui yo la que le gusté al actor. Naturalmente, le pregunté a mi amiga si le importaría que yo pudiera intimar con él. A ella, la verdad, no le gustó, no le hizo ninguna gracia, pero de todas maneras parecía inevitable que aquel hijo de Talía y esta hija de Marconi iban a tener algo más que palabras. ¡Vaya que si lo tuvimos!

Ese actor atravesaba entonces una época muy enloquecida de su vida. Y fue una lástima, porque si algo tengo claro es que uno ha de estar en el sitio oportuno en el momento adecuado. Aquél no era, desgraciadamente, el momento más oportuno. Pese a la fama que tenía de descontrolado, en el fondo pienso que era —y es— una buena persona. Con él me pasó una cosa que me hizo reflexionar mucho: como me gustaba tanto, traté de arreglarle un poco el caos en que se había convertido su vida. No tenía hora para levantarse ni para acostarse. Cuando salía a la calle, como ya era tan tarde, estaban cerrados todos los sitios; además, le cortaban la luz, el agua, el teléfono... Yo asumí el papel de llevar a cabo esos trámites, de solucionarle la intendencia doméstica de una casa que era literalmente un auténtico desastre. Pero a los pocos meses la relación se fue enfriando y un día me dijo algo que no olvidaré jamás:

—Lo malo tuyo es el apoyo.

¿Qué significaban esas palabras? ¿Quería decir, me estaba diciendo a gritos, que no quería que le protegieran? Si nos hubiéramos encontrado unos años después, en un momento más calmado de su existencia, a lo mejor me habría casado con el actor, porque más tarde él lo hizo. La conclusión que me deja su recuerdo es, como digo, que lo importante es llegar en el instante oportuno. Aquél no lo era.

También he vivido la traición en el amor, las cosas incomprensibles y miserables, como la que me ocurrió en una relación que tuve con un compañero de trabajo. Seguramente es uno de los hombres que más me han gustado en mi vida y con el que mejor podría haber llegado a entenderme en todos los sentidos, incluido el sentido sexual. Pero creo que hay hombres que no quieren a mujeres que estén a su altura; hombres que necesitan protegerse, sentirse ellos los importantes o que les estén diciendo permanentemente lo maravillosos y buenos que son. Éste era uno de ellos.

Aunque parezca lo contrario, algunos señores llegaron a reaccionar como si yo quisiera dominarles. ¡Menuda bobada! Nunca he querido hacer eso con ninguno, por una sencilla razón: un hombre al que yo pueda dominar no me gusta. Este que digo era de los que siempre tienen esa preocupación, lo que interpreto como un rasgo de inseguridad por su parte, porque yo jamás siento ese temor. Pero éste sí. Después de casi un año empezó a ponerse raro y de la noche a la mañana aquello se acabó. De golpe. Y de una manera desconcertante: un día, después de estar juntos toda la noche, habíamos quedado en la esquina de la radio y... Y hasta hoy: desapareció sin dejar rastro.

No me explicaba lo que había pasado. Hasta que al cabo de un año alguien me dijo que me quitara el velo y me contó lo que había ocurrido. Resulta que este hombre se había enrollado con una chiquita de unos veintitantos años a la que yo, como jefa suya, tenía allí trabajando. La chica en cuestión no digo que fuera tonta, aunque tampoco era ningún genio, pero para lo que le interesaba estaba claro que de tonta no tenía ni un pelo, como se demostró. La tonta, en ese sentido, fui yo.

—¿Sabes, creo que tu ex está con fulanita? —me decían.

Y yo, ingenua de mí, respondía:

—¡Qué va, hombre! Es que él la quiere mucho...

Era lo último que yo habría pensado. Ya, ya... Aquella chiquita de mi equipo me lo quitó, se lo llevó y se casó con él. ¡A eso se llama una jugada redonda! Hay que matizar que este periodista tenía veinte años más que ella y lo que él quería era alguien a quien pudiera modelar: aquella mosquita muerta era perfecta para sus planes. Lo que ocurrió fue que la chica, gracias a él, se había ido a una emisora de Andalucía y se enrollaron. Una bonita historia, ¿no?

De esa manera fui captando que había mucha gente de la que no me podía fiar, sobre todo si, como es mi caso, eres de natural un poco inocente. Después de tanto tiempo creo que no he aprendido e incluso tengo la sensación de que alguno me ha utilizado profesionalmente. Es más, creo que hoy me la podrían pegar otra vez. Así, desde aquí lanzo un aviso: si alguno está interesado en pegármela, me la puede pegar otra vez... Estoy hasta dispuesta a creerme lo que quiera.

Pero las mejores relaciones son aquellas en las que uno no espera nada, como cuando te coge en una etapa de tu vida en la que te dices a ti misma: «Bueno, voy simplemente a divertirme.» Por eso, de lo que no tenía ninguna expectativa de que ocurriera algo importante guardo algunos de los mejores recuerdos. Cuando me he enamorado, las cosas han sido distintas. Por lo menos han sido más complicadas.

¿Cómo justificar el no dejar aquí constancia

de un hombre, Félix Arechabaleta, con el que he tenido una relación de catorce años? Pues fácilmente: si no escribo sobre él es por no vulnerar su intimidad; porque cuando el relato de mi vida implica a terceras personas soy especialmente respetuosa.

Sólo diré que, por mi parte, le he querido mucho, que durante años ha sido para mí más que mis hijas, que le di todo y que me hizo feliz. ¿Qué pasó...? A veces, en las relaciones hay actitudes que te hacen entrar en el terreno de la decepción. En mi caso tiendo a idealizar a la persona amada. Y eso no es bueno, porque todos —tanto él como yo— tenemos nuestros defectos.

Es posible que no vuelva a vivir una relación como ésa. Félix ha sido mi amigo, mi amante, mi familia... y mi familia, la suya. Creo que mi plato de la balanza pesa más... Pero habría que saber lo que diría Félix. ¿Por qué se fue todo al garete...? Pregúntenselo a él.

El sexo

«En lo único que soy antigua es en el sexo.» Así titulaba una portada de revista con mi fotografía al lado. El titular estaba sacado de una entrevista que Juan Ramón Lucas me hizo en Tele Madrid;

una de las mejores que me ha hecho un compañero. La frase procede del final, cuando Juanra me preguntó:

—¿Quién está por encima de María Teresa Campos?

Respondí:

—Mucha gente a la que respeto y admiro.

—¿Y debajo? —prosiguió.

Por desdramatizar hice una pequeña broma:

—Debajo prefiero estar yo. Debe ser eso en lo único que soy antigua.

¡Nunca lo hiciera!

Cuando vi el titular de portada me fastidió bastante; porque de antigua en el sexo, nada: todo lo contrario. El mucho tiempo perdido en mi primera vida lo he recuperado en la segunda. Y no era fácil. La educación de mi niñez y juventud, especialmente la que recibía la mujer, iba encaminada a concebir el sexo como algo sucio, algo obligatorio para la procreación —el débito conyugal—, un «aquí te pillo, aquí te mato», porque lo otro era «cosa de putas». ¿Cuántos maridos de antes jamás se han atrevido a pedir cosas en la cama, porque sus mujeres podían sentirse ofendidas? ¿Cuántas no habrán dicho lo de «esas asquerosidades se las pides a la otra» o «quién te crees que soy yo»? A las mujeres de hoy esto puede sonarles a chino y darles mucha risa, pero puedo asegurar que millones de otras generaciones lo han vivido. Corrijo: sufrido.

Recuerdo que una vez dediqué un «Apueste por una» —programa que he hecho durante catorce años en la radio y algunos en la televisión— al tema «El derecho de la mujer al orgasmo» y mi oponente, que defendía la opción conservadora y bastante carca decía: «¿Por qué esta manía de crearle a las mujeres un problema que no tienen?» Como se dice ahora «¡fuerte, ¿eh?!».

¿Y lo de «no hay mujeres frígidas sino hombres incompetentes»? Seguro que hay muchos que todavía se lo creen, y seguro que son los mismos que necesitan unos buenos cursillos.

Mi experiencia, y la acumulada por mis amigas, me dice que, desgraciadamente, también en esto nuestra evolución ha sido mayor que la de ellos. Hay quien tiene la teoría de que muchos hombres hoy son *gays* porque huyen de las mujeres que les exigen en el sexo. Bueno, algunos encuentran fácilmente justificación para todo...

A mi lo que me parece mal es el otro extremo, la excesiva técnica. Prefiero sustituirla por la ternura y el romanticismo. Un buen desarrollo sexual es el que es capaz de unir las dos cosas. ¿Es pedir demasiado?

De vuelta a la radio... y a la tele

Mientras yo colaboraba con Hermida, mi hija Carmen estaba en la Cadena SER trabajando con Iñaki Gabilondo. Ella me comentaba que él hablaba mucho de mí, que le gustaba mi manera de trabajar. Un día me dijo algo que iba a suponer un nuevo giro en mi vida:

—Mamá, Iñaki quiere hablar contigo.

—Encantada —le contesté, pues, para mí, Iñaki Gabilondo era otro de los grandes profesionales a los que admiraba.

Me fue a ver a Torrespaña y me dijo que necesitaba una persona detrás para tener más libertad, para poder moverse y no sentirse tan atado. Me ofreció la subdirección del programa con una cantidad económica que suponía mi primer sueldo importante: un millón de pesetas.

No sabía cómo contárselo a Hermida, porque era muy soberbio y cuando alguien decía que se iba su reacción siempre era la misma:

—¡Bueno, pues que se vaya inmediatamente!

Conmigo fue todo lo contrario. Creo que soy la única persona de la que se despidió de una forma bonita y con lágrimas en los ojos. Me cogió en el pasillo y me soltó algo que no he podido olvidar y que reproduzco, inmodestamente, por el valor que para mí tuvo en ese momento:

—Comprendo que te vayas, porque también tienes que ganar dinero. Pero a ti la radio se te queda corta. Tú eres un monstruo de este medio que es la televisión. Tu sitio está aquí y tienes que regresar. Vete a ganar dinero, pero vuelve a la televisión.

Me fui a la radio. Pero mi paso por el programa de Iñaki no fue muy afortunado. Nunca comprendí por qué me ofreció ser subdirectora para luego no dejarme ejercer ni un solo día. Digo bien: ni un solo día.

Él sabe perfectamente que nunca lo busqué. Lo último que se me habría ocurrido era que quisiera contratarme. En ese momento, yo era feliz en la mañana de Jesús Hermida, donde había vuelto a empezar. La oferta de Iñaki, sin embargo, era interesante, ya que había sido directora de Informativos de una cadena de emisoras, Radiocadena Española, segunda sociedad entonces del ente público RTVE, y me pareció mejor para el futuro, pues yo tenía cuarenta y cinco años y ya he dicho que en aquella televisión única se buscaba más en las mu-

errat en una de las primeras entrevistas de las muchas que le he hecho en treinta años. La que pone
a grabadora detrás es Pilar Urbano.

Esta pareja joven y totalmente *fashion* en su momento somos Miguel Ríos y yo.

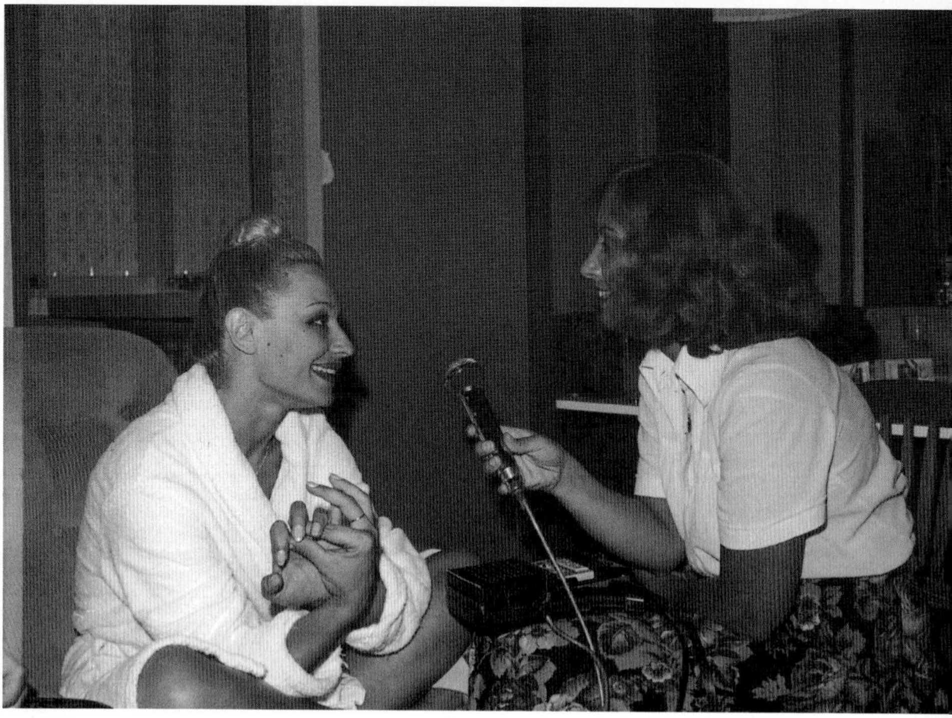

Rafaela Carrá, ella gran estrella, yo locutora de Málaga. Nuestra admiración ahora es mutua desde que las dos compartimos trabajo en TVE.

Camilo Sesto en los setenta, cuando *Jesucristo Superstar*.

Con Paco Valladares haciendo el ganso en un Telepasión. Lleva una tirita en la frente. Los dos nos dimos un golpe y decían que uno del grupo era gafe. Yo estuve a punto de dejarme los dientes.

Con Anthony Quinn tuve un gran *feeling* como muestra la foto.

Joaquín Prat y yo. Siempre quisimos trabajar juntos. Nunca le olvidaré.

La Jurado en una de las galas benéficas de TVE.

Raphael. Una amistad y una admiración y un respeto de treinta años (¡o más!).

La Bacall por fin se puso el «pinganillo». Y yo con el trajecito de Versace al borde de un ataque de nervios.

Con Antonio Banderas pregonando el carnaval de Málaga.

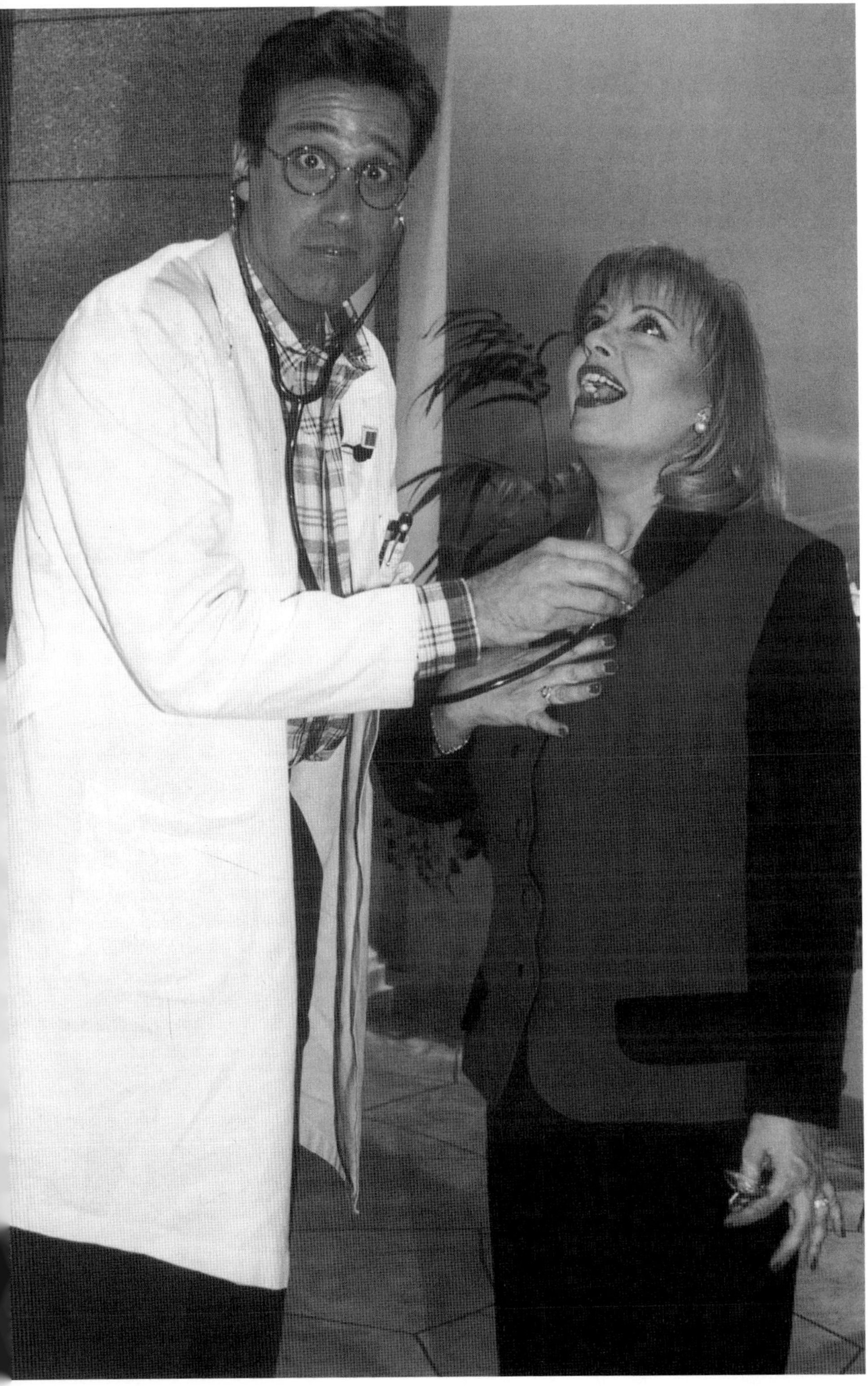

Con mi médico de familia.

Un lujo: el cariño de Fernando Rey. Es una de sus últimas apariciones en la televisión.

El último cumpleaños de Cela.

Con dos de mis ídolos televisivos: Hermida y Matías Prats. No tengo ni idea de a qué años se refiere la tarta. Pero la foto me encanta. Es muy dulce.

En una recepción real. Doña Sofía me cuentan que ve nuestro programa cuando está en su despacho de La Zarzuela por la mañana. Una afectuosa sonrisa con la que me honra.

Tuve el honor de estar al lado del príncipe Don Felipe en su almuerzo en Tele 5.

La foto del famoso cumpleaños de los sesenta millones. Entre los compañeros, con gorra, Carlos Moreno, mi querido y añorado jefe de sonido, y Maika Vergara.

Otro cumpleaños. Éste ya en Tele 5.
Mis hijas, María Rosa y Paco Valladares.

En esa misma fiesta con mis hijas.

También he hecho revista. Con todo mi elenco (Terelu, Almodóvar, Concha Galán y Cuca García de Vinuesa) en *Por la calle de Alcalá*.

Entrega de la Medalla de Oro de Andalucía, con la que me honró mi tierra.

Mi madre, a la que a sus 82 años llevé a ver al Papa. Juan Pablo II tiene en sus manos la foto de toda mi familia.

Ésta es la foto que tiene el Papa en sus manos. Con mis padres y hermanos el día de las bodas de oro.

De *Hello, Dolly!* después de la Streissand y antes de la Velasco (pero infinitamente peor).

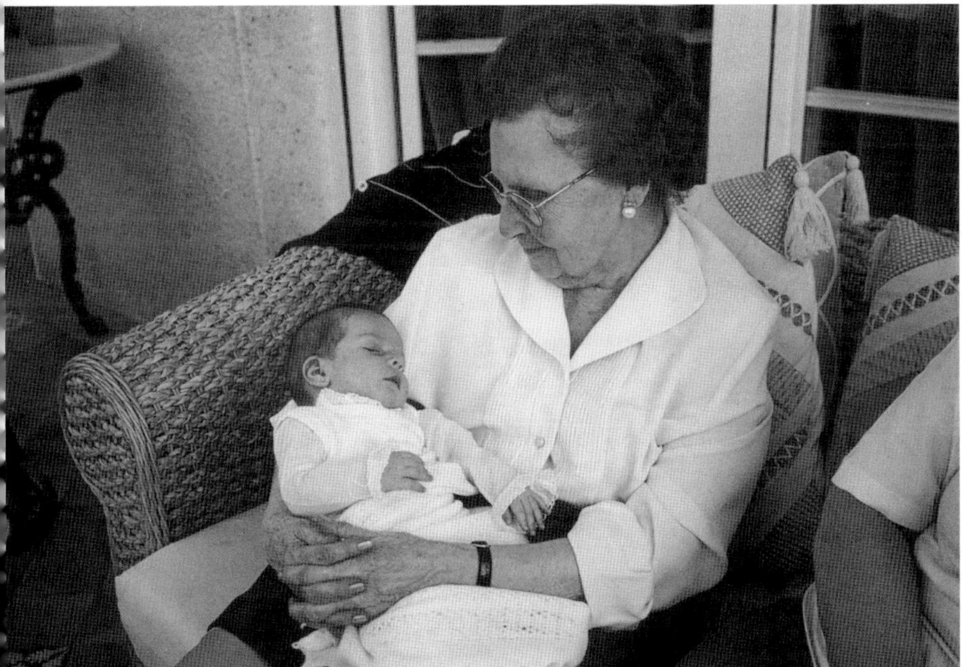

La mayor y la más pequeña de la familia. La bisabuela Concha —mi madre— con Alejandra, la hija de Terelu.

El momento que pone principio y fin a este libro: recibiendo mi segundo Premio Ondas. Año 2003.

jeres la juventud y la imagen que la profesionalidad. Vamos, que los valores que yo tenía no se cotizaban en ese mercado.

Por eso me fui a la SER. Y lo hice con gran ilusión. Iñaki me dijo que se iría unos meses fuera con la tranquilidad de que yo me quedaba sustituyéndole. La verdad es que sólo se fue en agosto, como siempre, y yo me quedé con el programa en el peor mes de audiencia y con los principales colaboradores de vacaciones.

¿Qué pasó? ¿Alguien se interpuso entre Gabilondo y yo...?, porque no hubo tiempo para el enfrentamiento o el choque. Repito: no fui subdirectora del programa ni un solo día. Se limitó a darme un cuarto de hora de espacio diario, que hice lo mejor que supe formando equipo con Arturo González, que es una de las personas más importantes de mi vida, pero de quien no contaré detalles porque estoy segura de que no le gustaría ver en este libro nuestra amistad compartida con todos. Es muy especial. Y muy difícil. Pero Arturo siempre estará si algún día se van los demás.

Volvamos a Iñaki. A pesar de la frustración que supuso esta experiencia, mi respeto a su profesionalidad no ha cambiado. Y quiero decir que de él también aprendí cosas, como vender bien la noticia, algo que en mi trabajo es fundamental. Es más, sé que Iñaki me tiene afecto y me valora. ¿Me dirá alguna vez lo que ocurrió…?

Después pasé ocho meses cobrando sin trabajar y finalmente me llamaron para sustituir a Hermida en la tele. ¡Salvada por la campana!

Pero Jesús ya me había llamado antes, a las pocas semanas de estar en la SER, porque me quería recuperar, y para algo muy concreto: sus famosas tertulias. Acepté y pude compartir mesa con gente de la talla de Camilo José Cela, Vallejo-Nágera, Celia Villalobos, Berlanga… Jesús necesitaba a alguien que tirara del carro. Y ésa era yo. Había, como digo, personajes muy importantes, pero al quedarse él fuera de las discusiones yo tenía que ir sembrando las pequeñas dosis de provocación tan imprescindibles en un debate.

De aquellas tertulias guardo un recuerdo maravilloso. Cela escogía mucho a sus compañeros de mesa: quien no quería que fuera, no iba. Tengo la gran satisfacción de haber sido elegida por él.

—Es que hoy viene Camilo y ya sabes que le gusta que estés tú —me decían mis compañeros de redacción.

Con Berlanga siempre tenía un pique muy grande. Se reía mucho porque yo me ponía muy feminista y esas cosas. Desde luego, trabajar con aquellas personalidades es uno de los mayores lujos que he tenido en la vida.

Mientras hacía esa colaboración televisiva seguía en la SER. Pero, una vez más, Jesús Hermida habría de demostrarme su afecto personal y su respeto profesional. Le encargaron dirigir un telediario de noche e, inmediatamente, dijo que tenía que ser yo la persona que se quedara al frente del programa. Tenía dos motivos para hacer esa propuesta: la valoración que tenía hacia mí y la amistad que me unía a su equipo, al que él quería salvaguardar.

En ese momento arrancaron las televisiones privadas y con ellas llegó un fenómeno que habría de trastocar los pilares más sagrados del medio: las audiencias. Sí, esas notas que nos dan cada día mientras desayunamos comenzaban a ser la medida de nuestra aceptación o rechazo. Eso me benefició. Los datos eran lo suficientemente explícitos como para que ya no pudieran quitarme. Hasta ahora, que, supongo, me retirará el público. O me iré yo cuando me canse.

En aquel entonces seguí con el título de Hermida, hasta que en la temporada siguiente el programa pasó a llamarse «Ésta es su casa» y después «Pasa la vida». Quiero decir que al principio me ayudó mucho la hoy mujer de Jesús, Begoña, y Milagros Ayllón, porque las dos llevaban muy directamente el programa. Siempre les agradeceré que estuvieran conmigo las primeras semanas porque, claro, para qué vamos a engañarnos, aquello era un embolado. Poco a poco empecé a poner en práctica las cosas que quería, aunque de hecho ya había materializado bastantes gracias a Hermida, porque a él le gustaban mis ideas.

El adiós a la SER y la vuelta a Televisión Española supusieron para mí un retroceso salarial. Al encontrarme en situación de excedencia regresé, ganando el sueldo que correspondía a mi baremo laboral: 300 000 pesetas. Sí, otra vez tenía que hacer frente a una nueva crisis económica. Con el millón al mes de la radio me había comprado una casa y pagaba una hipoteca de 250 000 pesetas al mes. Por muchos juegos malabares que hiciera, aquello era imposible de cuadrar.

Estaba ante una oportunidad profesional que no podía dejar escapar, pero también ante una bancarrota que no veía manera de superar.

—Contratadme —les dije a los directivos.

—No, tú tienes una excedencia —me respondieron.

—Es que hay otros en excedencia, como Hermida, y los habéis contratado.

—Ya, pero eso no se puede volver a hacer. Tú vente, que eso ya se arreglará.

Pero mientras se arreglaba y no, tuve que dejar de pagar la hipoteca muchos meses. Lo hacía cuando podía, pero conocí la desagradable experiencia de recibir un telegrama del Juzgado comunicándome la subasta de la casa. Me supuso juicios y más dinero del que me tenía que haber costado. Finalmente la pude salvar, porque comenzaron a dejarme hacer publicidad y pude reflotar así mi maltrecha economía.

Fue un bache gordo, pero, entre seguir con un buen sueldo en la radio o aceptar aquella aventura profesional lo tenía muy claro. No digo esto porque sea la más maravillosa del mundo ni la más desinteresada. Simplemente que a lo largo de mi vida he puesto por encima de todo lo que me gustaba. Y aquello me apasionaba.

Me había costado mucho llegar hasta allí y no estaba dispuesta a tirar ese esfuerzo por la borda. En realidad, he tenido que luchar siempre por abrirme camino. Hay que tener en cuenta que cuando llegué a la televisión ya pasaba de los cuarenta años: yo, no la televisión. Era una señora bajita y normal. Recuerdo que me hicieron una entrevista y dije que era necesario acabar con el machismo de que, para aparecer en pantalla, las mujeres tenían que ser altas, delgadas y guapas. Y añadí que una mujer con la cara de Andrés Aberasturi, que entonces hacía la tarde, nunca saldría en televisión. Creía —y creo— que, con el permiso de Andrés, a quien quiero y admiro, era injusto y fácilmente constatable.

Se trata de un prejuicio muy de aquí, de España, de haber tenido una sola televisión y de que los que mandaban ponían solamente a las que les gustaban. En Estados Unidos, por ejemplo, las señoras que presentan los informativos son mayores. Ése tenía que haber sido mi sitio: los telediarios. Aunque quizá haya sido mejor el rumbo que tomó mi carrera, porque a través de los programas he podido desarrollarme más. Hoy me siento plenamente reconocida en el sentido de hacer un magazine de entretenimiento y al mismo tiempo ser una periodista seria. Ha sido muy difícil. Sin embargo, ahora tengo el orgullo de que cuando a los estudiantes de Ciencias de la Información les piden que entrevisten a alguien a quien respeten o admiren, muchos me eligen a mí. ¡No saben cuánto se lo agradezco! ¡Y cuánto siento no poder atender todas esas peticiones!

Pero estaba en los tiempos de Torrespaña, donde permanecí varios años haciendo la tarde, incorporando elementos nuevos al programa. Creo que cambié lo que era el magazine clásico e introduje muchas cosas de interpretación, de entretenimiento... En esa época todavía se podían hacer entrevistas con personas interesantes, y no como ahora, que no se puede entrevistar más que a personajes medio cutres. Y en ocasiones enteramente cutres.

Anécdotas

Cuando se llevan tantas horas de televisión en directo es normal que los que hacemos el programa hayamos vivido situaciones de todo tipo. Hay momentos difíciles, de esos que la tensión se puede cortar con una cuchilla. Pero hay otros..., ¡hay otros verdaderamente memorables! En un plató pueden pasar cosas muy divertidas o, al menos, te lo parece con la perspectiva del tiempo, porque a lo mejor en el momento de ocurrir suponen un trago para el que está dando la cara ante millones de personas.

Voy a recoger aquí algunas de ellas.

Tarde de miedo

Patricia Ballesteros y yo hacíamos en TVE un espacio que se llamaba «Tarde de miedo», en el que salían curanderos, videntes... Mi compañera hacía como que se creía aquellas historias y yo representaba el papel de la escéptica, adornado con cierta ironía, porque creo que hay que aplicar el humor a casi todo. En una ocasión, la invitada era una señora que aseguraba haber vivido en su infancia una extraña experiencia: había desaparecido durante varios días de su casa y no lograba recordar dónde estuvo. Ya de mayor, al cumplir treinta años, consiguió sacar de su memoria la explicación de aquel suceso: abrió la puerta de su habitación y se encontró con unos extraterrestres que la llevaron en una nave. Con bastante cachondeo, la verdad, le hice una pregunta:

—¿Y cómo eran? ¿Altos y rubios? ¿O bajitos y verdes? Porque los extraterrestres se dividen en altos y rubios o en bajitos y verdes...

—Bajitos y verdes —respondió con gran naturalidad.

Siguiendo en nuestro papel, Patricia ponía cara de aterrada y yo no podía evitar la risa. Aquello me parecía hilarante. Me parecía, hasta que me llevé uno de los mayores sustos de mi vida. Resulta que para darle el tono adecuado al espacio hacíamos las entrevistas en una mesa redonda de cristal muy grueso con una luz en su interior. De repente, mientras continuaba tomándome a guasa el testimonio de los extraterrestres, se oyó un gran ruido y la mesa se rompió en mil pedazos, dejando un rastro de cristales como lanzas con los que nos podíamos haber cortado. ¡Me quedé de una pieza...! ¡De una pieza en directo! Patricia Ballesteros y yo pegamos un salto que nos fuimos a la otra punta del decorado. Pero lo que más me sorprendió es que la mujer que afirmaba haber hecho un viaje en una nave espacial, conducida por extraterrestres, se quedó sentada y no se inmutó en el instante de partirse la mesa. Permaneció en su sitio, impasible y sin hacer una sola mueca. Vamos, que jamás volveré a tomarme a broma en la televisión esto de los extraterrestres. ¡Y menos ahora que hay hielo en Marte!

El mito Bacall

Otra anécdota la viví junto a una legendaria estrella de Hollywood: Lauren Bacall. Muy mito del cine, muy actriz rutilante, pero a mí estuvo a punto de hundirme un programa. La invitamos a un especial, para el que yo me había puesto de tiros largos: un maravilloso traje de chaqueta de Versace, cuyo precio era de 250 000 pesetas de la época. La Bacall, que llegó encantadora, tenía estipulado en su contrato que debían tenerle preparados unos rulos calientes en el camerino. La verdad es que al lado de los caprichos y extravagancias de otras divas y divos, aquello no era nada espectacular. Pero, por lo que fuera, el encargo no llegó a tiempo. Ella que, todo hay que decirlo, estaba en un plan bastante estúpido, se negó a salir hasta que no tuviera los dichosos rulos. El programa estaba ya a punto de empezar y lo abríamos con ella. Y allí estaba yo, vestida espléndidamente, pero en pleno ataque de nervios, porque la viuda de Humphrey Bogart, la gran dama de la pantalla, no daba señales de vida. Mis compañeros trataban de que se diera un poco de prisa; le explicaron que tenía que acelerar el paso porque iba a empezar su intervención. Ni caso. Lauren Bacall se limitó a pasar por alto las súplicas de unos mortales que estaban sudando la gota gorda con la situación. Yo estaba ya directamente en trance. Hay que ver cómo unos simples rulos calientes te pueden hundir la entrevista de tu vida. Por fin llegó. Respiré aliviada, pero... Los problemas no acabaron ahí. En cuanto se sentó, puso la primera pega: de pinganillo nada. Se lo ponían y ella se lo quitaba. ¡Yo estaba a punto de explotar! Ese aparatito era el que nos iba a permitir entendernos a cada una en nuestro idioma. Entró Patricia Ballesteros, que habla perfectamente inglés, e hizo de intérprete. Siempre me he preguntado cómo habría hecho aquella entrevista de no haberse solucionado el problema. A lo mejor me hubiera marcado un número cómico con la Bacall. O un monólogo: total, ella no se iba a enterar de nada... No acabó ahí la cosa. Al finalizar el programa me enconté con una señora en el ascensor que me espetó lo que, sinceramente, después de una tarde tan ajetreada, podía resultar menos oportuno:

—La he visto esta tarde con Lauren Bacall. La entrevista bien, pero..., ¡ay, hija!, ¿cómo se ha puesto usted un traje tan horroroso?

Me quedé a cuadros.

—¡Señora, ese traje tan «horroroso» es de Versace y vale mucho dinero!

Ella a lo suyo:

—¡Pues, hija, será muy caro y muy de Versace, pero es horroroso! ¡Horroroso!

En otra ocasión entrevisté, poco antes de morirse, a Anthony Perkins, que tampoco venía muy simpático. ¡Y no digamos Steven Seagal! Este señor, altísimo y corpulento, llegó al plató, hablamos durante quince minutos, se fue y no me miró ni tan siquiera un segundo. Un encanto...

El serialillo

En el programa de Hermida hacíamos un serialillo que era una imitación, una parodia, de los culebrones y jugábamos mucho con la realidad y la ficción. La protagonista era Violeta Santini, que tenía una hermana, Macarena, que salía con un turbante y unas gafas y hablaba con acento andaluz. Yo hacía los dos papeles. En una ocasión, Macarena iba a ver a Violeta, que estaba ingresada en un hospital porque la había mordido un cocodrilo. La que estaba en la cama era una muñeca hinchable completamente envuelta en vendas. En la trama había dos enfermeras —Consuelo Berlanga y Sole de las Virtudes— que querían matar a Violeta por una cuestión de dinero. En el momento en que iban a ponerle una inyección letal entraba yo —como la hermana Macarena— y ellas se escondían en un armario.

Yo entraba a gritos:

—¡Violeta, por Dios!, ¿qué te ha pasado? —decía a mi «hermana».

Y me quedaba mirándola, porque Violeta Santini estaba embarazada.

—¡Uy...! ¡Pero el cocodrilo no te ha mordido, te ha hecho otra cosa...! —Y añadía—: ¡Qué calor hace aquí! ¿Cómo tienes tantos focos? —comentaba señalando los focos del plató, porque jugábamos mucho con la realidad y la ficción.

En ese instante, yo tenía que abrir la puerta del armario y, como la cosa más normal del mundo, hacer una pregunta a las enfermeras:

—¿Ustedes quiénes son?

—Somos las enfermeras, que estamos revelando las radiografías —me tenían que contestar ellas.

Pero fue imposible hacer ese diálogo como lo habían escrito los guionistas. Yo les había dicho a Consuelo y a Sole que no se rieran, porque, si lo hacían, a mí me iba a pasar lo mismo y entonces no podría continuar.

No hubo manera. Abría la puerta del armario y me las encontraba literalmente tiradas por el suelo. Volvía a cerrar. Y así una y otra vez. Hasta que dije mi frase muerta de risa y ellas me contestaron en idéntico tono. No podíamos parar de reírnos ninguna de las tres. Finalmente decidí:

—Pues me voy a quitar el abrigo, aunque no lo guarde en el armario.

Me lo quité y en ese momento noté una cosa rara, una sensación extraña... ¡Me había hecho pis! ¡Menos mal que llevaba pantalones! ¡Era lo que me quedaba por hacer en directo!

Boda a babor

En el mismo serial me casaba con Emilio Varela en un barco. El capitán que había de celebrar la boda era Faemino —de Faemino y Cansado—. Estábamos listos para la ceremonia, yo con mi trajecito de novia y mi velito…, todo monísimo. Como supuestamente estábamos en alta mar, había colgados detrás unos flotadores para dar mayor credibilidad a la puesta en escena del barco. En el momento crucial en que Faemino se dirigía a mí haciéndome la solemne pregunta se produjo el batacazo:

—Violeta, ¿quieres por esposo a este hombre?

—Sí, quiero —contesté en el tono que la ocasión y el clímax requerían.

Pero en ese instante di un paso hacia atrás y tropecé con uno de los flotadores, que se había caído al suelo sin que nadie se diera cuenta. ¡Y allá que iba yo! ¡Vestida de novia, en plena boda, en pleno directo y con velito incluido, me estrellé contra el suelo! Todavía hoy no recuerdo cómo acabamos el capítulo.

En este serialillo participaron artistas invitados como Sara Montiel, Carmelo Gómez y Ángel de Andrés. En el último capítulo estaba previsto que la casa se nos cayera encima al final. Emilio Varela se apoyaría en una pared (eran todas de neopreno) y se vendría abajo toda la casa. Ése iba a ser el desenlace de la historia, el broche con el que se cerraba el culebrón. Pero el golpe de efecto se adelantó. Y se adelantó tanto que, pese a que nos habían dicho que tuviéramos cuidado con las «paredes», alguien puso la mano donde no debía y nada más empezar se desplomó toda la casa. ¡Se fastidió el invento! El artista invitado, Simón Andreu, no daba crédito. ¡Terminamos por los suelos la casa y el elenco de actores!

En el año 1996 hice un programa de testimonios en las tardes de TVE. Cada día estaba dedicado a un tema, en el que intervenían distintas personas relacionadas con el mismo. En uno que giraba en torno a experiencias paranormales, alguien de mi equipo me comentó en la reunión previa, o eso entendí yo, que un invitado había sido dirigente de la CNT. Así, cuando llegó mi turno, y sin cortarme un pelo, le dije en directo:

—Bueno, ¿y cómo casa esto de lo paranormal con el materialismo dialéctico?

El señor, que era educadísimo, esgrimió una extraña sonrisa. Pero yo seguí:

—Estará de acuerdo conmigo en que, en principio, la cosa es chocante, teniendo en cuenta sus ideas...

Aquel hombre empezó a poner cara de póquer. Y yo estaba lanzada con lo que me imaginaba que era una contradicción personal.

—Ya... —contestó cortés y tímidamente.

Entonces me acerqué a él y vi que llevaba una insignia en la solapa de la chaqueta. En ese momento lo entendí todo. ¡No sabía dónde meterme!

La insignia en cuestión tenía unas iniciales en oro que explicaban aquel malentendido: CNN. ¡No era ningún sindicalista, sino un jefazo en Europa de una de las más importantes cadenas de televisión del mundo!

¡Vaya corte!

Muchos años antes, en los ochenta, un político me dio, muy sutilmente, un pequeño corte, una de esas frases geniales propias del protagonista de la anécdota. Hacía en la radio un espacio de entrevistas a políticos en el transcurso de una cena en el hotel Los Galgos. El día que le tocó el turno a Enrique Tierno Galván, muy suavemente, pero con firmeza, el entonces alcalde de Madrid deslizó el siguiente comentario:

—Señorita, tendré mucho cuidado con los adjetivos que uso, porque después usted los utiliza siempre en mi contra.

Por cierto, que entonces yo salía con un señor conocido. Al acabar esa noche el programa, Tierno Galván me dijo que me llevaba en su coche a donde yo fuera. Como había quedado con aquel noviete, que no era político, pero sí un alto cargo de la judicatura, no tenía ningún interés en que nos viera juntos en el bar en el que habíamos quedado. Ya en la puerta del local, el alcalde, muy amable y galante, me dijo lo último que yo quería escuchar en aquel momento:

—La acompaño dentro.

—¡No, no, don Enrique! ¡No se preocupe! —contesté y salí corriendo.

Siempre recordaré que en ese paseo por Madrid «el viejo profesor» me comentó lo horrorizado que estaba con algunas cosas de la ciudad, como la fachada del Barclays Bank en la plaza de Colón. También me confesó que, aunque el Retiro era un gran parque, para él el principal de Madrid era el parque del Oeste. Tiempo después, en mis primeros años en televisión, una de las cosas más destacadas que hice fue la retransmisión del multitudinario e histórico entierro de don Enrique Tierno Galván.

¡Esta sorpresa es una ruina!

Y es que no todas las anécdotas me han pasado en el trabajo. Es más, hay una que, desgraciadamente, no tuvo nada que ver con mi profesión. Podría decir que se trató de una sorpresa que nunca lo fue.

Estaba en TVE, donde ganaba dinero, pero no una cantidad importante. Era el día de mi cumpleaños, un 18 de junio, y, como siempre en esa fecha, al acabar el programa tenía previsto invitar a todo el equipo a una copa en el plató. Se acercó Sonsoles, mi eficiente y querida secretaria, y me dijo algo que me puso de mal humor:

—Teresa, tienes que aplazar la copa para mañana, porque tus representantes me han dicho que hay unos italianos interesados en que hagas una publicidad, una cosa muy gorda, y tienes que comer con ellos.

—¿Cómo me va a suspender a mí nadie una copa que doy todos los años el día de mi cumpleaños?

—Teresa, de verdad, habla con ellos porque me han dicho que es muy, muy importante.

—¡Ni mis representantes ni nadie suspende mi fiesta de cumpleaños! —contesté, tengo que reconocerlo, con ese tono guerrero que a veces me sale y que, también es justo decirlo, me dura poco tiempo.

Llegaron mis representantes a buscarme, nos subimos al coche y yo seguía con una cara larga que me llegaba al suelo.

—Son los de Ferrero Rocher, que quieren que les hagas la próxima campaña de publicidad. Hay que firmar hoy porque esta misma tarde salen para Italia y la cantidad que vas a ganar es sesenta millones de pesetas…

—¿Sesenta millones de pesetas?

Sinceramente, sólo de oír aquella cifra me calmé bastante.

—Bueno, si es así… —dije—, pero ¿por qué estos señores han decidido esto así, de pronto? —apostillé, porque aún me duraba algo el cabreo.

—No te hemos dicho nada porque estábamos en conversaciones.

Entramos en el restaurante en el que, supuestamente, me esperaban los de Ferrero Rocher y el contrato de mi vida y… ¿qué me encuentro…? ¡Pues a todos los miembros de mi equipo cantándome el cumpleaños feliz! En eso consistía la gracia que habían cariñosamente tramado sin yo enterarme. Creo que no se puede dar una sorpresa en la que la expectativa sea superior a la realidad. En fin, que la fiesta que me habían preparado me costó sesenta millones de pesetas. La responsable de la «sorpresa», al ver la cara que ponía, se echó a llorar.

Hoy, sin embargo, la foto de ese día vale más de sesenta millones, porque entre mis compañeros, a los que dejaría muy pronto para irme a Tele 5, había dos personas, ya desaparecidas, a las que quise mucho y que me quisieron: mi jefe de sonido, Carlos Moreno, que me adoraba, y Maika Vergara, de la que, además del recuerdo, conservo cada día la presencia para mí muy familiar en el programa de su hija Mónica.

El misterio de Nueva York

Hace veintidós años cubrí para la radio el viaje de los Reyes a Estados Unidos, cuando el presidente de ese país era Ronald Reagan. Recuerdo el acto en los jardines de la Casa Blanca y ese «momento americano», que diría Boris: «¡Señoras y señores, el presidente de los Estados Unidos, Ronald Reagan!», mientras el entonces mandatario descendía por las escaleras entre aplausos.

Estos viajes eran cansados y, para mí, de bastante responsabilidad, porque iban como enviados periodistas muy conocidos y de todos los grandes medios y las crónicas tenían que estar a la altura de las circunstancias. Aún así eran divertidos, siempre se hacían amigos y lo pasábamos muy bien.

Como ya había cubierto algunos viajes de los Reyes y del presidente del Gobierno, conocía bien a algunos compañeros y, en el caso de Washington tuve un —¿cómo le llamo?— ligue, si así quieren, con uno de esos colegas, entonces director de una revista de nombre político. Pero encontramos nuestra «china» en el zapato, especialmente yo, en la persona de Jaime Peñafiel, que se puso en plan cotilla a gastarnos bromas y me hacía sentir como vigilada. Nuestros encuentros intentaban ser discretos, pero Peñafiel al día siguiente sistemáticamente decía algo de doble intención.

Por cierto, que un pequeño grupo decidimos irnos un día a Nueva York de compras, y allí Jaime protagonizó, en una tienda de alfombras de la Quinta Avenida, algo que no he olvidado. En primer lugar, perdimos media mañana en ese comercio, donde Jaime Peñafiel quería comprar una alfombra, posiblemente encargada por su mujer. Una vez elegido el modelo preguntó el precio: trescientas mil pesetas. Y entonces comenzó el regateo con el indio del establecimiento, que no sabía con quien se la estaba jugando. Después de una hora, la alfombra llegó a bajar a cincuenta mil pesetas. En ese momento Peñafiel dijo: «¡Pues ahora no la quiero! Porque si me ha pedido trescientas mil y ahora la deja en cincuenta mil... ¿Quién me dice a mí que no vale la mitad de eso?» Salimos de aquella tienda de alfombras con el vendedor insultándonos a gritos desde la puerta.

Pero lo mejor de esta historia lo supe hace poco tiempo. Siempre quise recordarle aquel viaje a Peñafiel, pero se me olvidaba, entre otras cosas porque cuando nos vemos casi siempre es en el plató. Y fue en directo cuando un día se lo espeté:

—¿Te acuerdas de un viaje a Nueva York y Washington, hace más de veinte años —pensaba que Jaime no sabía que aquella periodista era yo— y que, por cierto, me quisiste reventar un ligue que tenía?

Nunca creí que Jaime se fuera a acordar de aquello. Sin embargo, cuál fue mi sorpresa cuando me respondió lo siguiente:

—Es que yo estaba enamorado de ti, por eso te perseguía.

Nunca lo había imaginado. ¡Vaya con don Jaime!

No te enfades, Carmen, que entonces a ti aún no te conocía.

Cruce de líneas

En mi conciencia llevo algo que hice en un viaje a México acompañando como enviada de Radio Cadena al presidente del gobierno, Leopoldo Calvo Sotelo, y siendo el del país anfitrión López Portillo —que tenía una mujer muy exuberante—, recientemente fallecido.

No, no voy a contar una historia sentimental, pero sí profesional. Pablo Sebastián, entonces en el diario *El País*, y yo, teníamos buena amistad, quizá porque como cordobés y malagueña nos entendíamos bien. Una mañana, al despertar, le telefoneé desde mi habitación del hotel a la suya, para ir a desayunar juntos. Marqué y mi llamada saltó al mismo tiempo que otra que en ese momento estaba recibiendo Pablo. Ya iba a colgar cuando reconocí la voz de quien hablaba con Sebastián: ¡era el presidente del gobierno español! En esa situación, mi condición de periodista se impuso a la ética de no escuchar una conversación ajena. Y así, con la respiración contenida, pude oír todo lo que le decía nuestro jefe de gobierno al corresponsal de *El País*; entre otras cosas, le anunciaba la posible firma de un acuerdo contra el terrorismo. Por cierto, ese acuerdo se siguió intentando muchos años después.

Cuando terminó la comunicación entre ambos, colgué sigilosamente el teléfono y bajé rauda a la sala de prensa a escribir mi crónica. Minutos después apareció Pablo y se puso a mis espaldas a leer mi texto. Sorprendido de ver reflejado lo que creía saber solamente él, me increpó:

—¿Y tú cómo sabes eso?

A lo que respondí:

—¡Hombre, una tiene sus fuentes…!

Veinte años después te lo cuento, Pablo; comprende que yo era una periodista de un medio modesto a quien nunca habría llamado el presidente del gobierno, o nunca se le habría puesto al teléfono. Así que perdona, hijo.

El pregón de la feria

No me ocurrió en la televisión, sino en la realidad.

En 2001, el alcalde de Málaga, Francisco de la Torre Prados, me pidió que diera el pregón de la feria. La verdad es que, no me importa confesarlo, yo estaba dolida porque, después de tanto tiempo en la televisión —donde siempre he ejercido de malagueña—, no se habían acordado de mí para ese cometido. ¡Y se le ocurrió a Paco de la Torre! Pero ése era justo el único verano que en esas fechas no estaba en Marbella, sino a muchos kilómetros: en el Gran Hotel de La Toja, donde nos habíamos ido con Alejandra, la hija de Terelu y Alejandro, que tenía un añito. Pese a esa circunstancia, yo no podía decir que no al ayuntamiento. Y preparé el pregón y el viaje.

La noche anterior habíamos salido a cenar con unos amigos y nos pusieron lo típico de Galicia: marisco. El marisco no es precisamente mi debilidad. Así que ante semejante —y, por supuesto, maravillosa— mesa de centollos, percebes, vieiras, almejas..., yo no estaba por la labor. Pero mi querido Fernando Fernández Tapias —marido de Nuria González, una de mis personas más queridas—, que es una fuerza de la naturaleza —me refiero a Fernando—, empezó a meterse conmigo y a instarme a comer. Tímidamente cogí dos almejas, que de todo era lo que menos me desagradaba.

A la mañana siguiente salí de viaje. El plan consistía en: coche hasta Santiago, avión hasta Madrid y otro hasta Málaga. En el segundo vuelo empecé a sentir que me moría: vahídos, asco, dolor general... En ese estado llegué al hotel de Málaga, donde eché —con perdón— el bofe. No me tenía en pie. A las ocho de la tarde se presentó la peluquera en la habitación y yo sólo podía decir una cosa:

—No puedo ir..., no puedo ir..., estoy muy mal...

A mi hermana Leli, que estaba conmigo, no se le pasaba por la cabeza esa posibilidad:

—¿Cómo no vas a ir si Málaga entera está esperándote ante el balcón del ayuntamiento...?

Saqué fuerzas de flaqueza y me vestí. Llegué al ayuntamiento con mi hermana dándome cucharaditas de coca-cola. En la entrada del edificio me abordó una persona:

—Por favor, María Teresa, quiero decirle que retransmitiremos este acto desde un canal local para sordos. Procure no correr mucho hablando...

—No se preocupe —contesté.

Entré en el despacho del alcalde y allí había un montón de fotógrafos. Me encontraba fatal. De vez en cuando iba al baño, hasta que me situaron frente al balcón.

—Quédate aquí unos minutos, que primero saldrá el alcalde —me dijeron.

¡Sentía que me seguía muriendo! Y sólo tenía un pensamiento: ¡Dios mío, no voy a poder, me voy a desmayar! Llegó el momento y, entre grandes aplausos, comencé mi pregón...

—¡Malagueños...!

Esa gente que me quería tanto no podía figurarse en qué condiciones me encontraba. Yo únicamente quería llegar al final de mi intervención. ¡Qué lástima, un día tan grande para mí fastidiado por la dichosa almeja...! Pero lo malo fue al día siguiente, cuando alguien me hizo el siguiente comentario:

—Teresa, hija, cómo corrías leyendo el pregón. A la pobre presentadora del programa de sordos le resultaba imposible seguirte...

Desde aquí le pido disculpas: se me olvidó por completo.

Tele 5

En el año 1996 se produjo otro hecho crucial en mi vida. Una cadena privada, Tele 5, me hizo una oferta que, además de su innegable valor económico, me abría la posibilidad de hacer cosas nuevas y distintas de las que hasta entonces había desarrollado. Como ocurre siempre con estos temas, al principio era un secreto. Lo sabíamos los autores de la propuesta, mis representantes y yo.

Como en todos los finales de temporada, el último día hacíamos un programa especial. El colofón era un tema musical conocido, con una letra adaptada a la situación. La canción era *Cómo han pasado los años* y, en un momento determinado, decía algo que, al menos en TVE, no se iba a cumplir: «Nos despedimos ahora para volver en septiembre.»

Yo empezaba a cantar y no podía, no había manera: me echaba a llorar. Todos los miembros del equipo estaban extrañados y me preguntaban qué me pasaba. Todavía no se lo podía decir, pero en septiembre ya no íbamos a estar allí. En septiembre llegamos a Tele 5.

Y aquí sigo, haciendo un programa que tiene muchos contenidos porque, como me gusta decir, «Día a día» es un periódico que vamos abriendo a lo largo de la mañana y, por lo tanto, se pueden encontrar las más diversas secciones. Seguramente algunos me pidan que sea más ortodoxa y que no haga crónica del corazón o que no hable de determinados personajes. Pero siempre he querido hacer cosas distintas. Eso, en algunos países, sería un mérito. Aquí, en cambio, para algunos críticos es un demérito.

Hago un magazine y eso me obliga a tener unas miras amplias: hay unos elementos más trascendentes y otros más desenfadados. Porque yo trato de llevar a mi programa las cosas de la vida. Y la vida es eso. No se puede estar todo el tiempo en el mismo registro. Respeto a los compañeros que piensan que sólo eres un buen periodista si haces información pura y dura. ¡Ah!, y no riéndose jamás... Porque, naturalmente, si lo haces ya te desacreditas. No digo que vayas a soltar una carcajada al dar las noticias de Irak o sonrías mientras hablas de un atentado, pero hay temas que, en mi opinión, no necesitan un gesto tan adusto. Se puede decir de una manera distendida que se ha reunido el Consejo de Ministros y que ha adoptado una serie de medidas. Sin embargo, algunos entienden que eres mejor periodista si tienes el semblante más serio e impenetrable. Y, claro, además tienes que ser absolutamente puro. En cuanto tocas determinados asuntos te «contaminas», te quedas estigmatizado y pasas a ser un profesional de segunda categoría.

He soportado durante un montón de años un aluvión de críticas por intentar abrir el abanico de temas. Finalmente, creo que he conseguido el respeto de la mayoría. Me considero una comunicadora, pero también una mujer del espectáculo, porque me encanta ser actriz y he aportado eso a mis programas. Vi que la gente lo pasaba bien, por lo que, en lugar de llevar a un humorista, hemos hecho espacios cómicos los propios miembros del equipo. He interpretado monólogos, historias que iba desgranando ante la cámara y que, además de resultar divertidas, decían cosas. Me gusta ese juego de provocar una sonrisa dejando un «recado» al espectador. Y he contado para ello con guionistas como Elvira Lindo, Miguel Ángel Almodóvar, Arturo González, Rafa Lorenzo y Eduardo Mendicutti.

A Tele 5 tengo que agradecerle —entre otras

cosas— el haberme permitido recuperar mi faceta de periodista de información general.

Ya había tratado —quizá por la deformación profesional de tantos años haciendo informativos— de hacer un debate político en Televisión Española. Pero no fue posible. Allí dependíamos del área de Programas, motivo por el cual no me dejaban hacer información; sólo entretenimiento. A mi propuesta, ésta fue su contestación:

—María Teresa, ¿para qué quieres hacer un debate político teniendo un programa tan bonito y amable como el que tienes? Esto sólo te crearía enemigos.

No insistí. Pero al llegar a Tele 5, ¡dale que te pego!, propongo la tertulia política. Aquí me respondieron de otra manera:

—¿Tú crees que eso funcionará por la mañana?

—Lo tenemos muy fácil: si no funciona, lo quito…

Así empecé la tertulia del mediodía, a la que pronto se sumaron algunos de los más acreditados periodistas: Raúl del Pozo, Carmen Rigalt, Javier Nart, Arturo González, José Antonio Gómez Marín, Curry Valenzuela, Consuelo Álvarez de Toledo, Pepe Oneto, Rafael Torres, Tonia Etcharri, Eduardo Mendicutti, Antonio Casado, Juan Teba, Amalia Sánchez Sampedro, María Antonia Iglesias, César Vidal, Jesús García, Juan Adriansens, Isabel Sansebastián, Enric Sopena, Luis Ignacio Parada, Miguel Ángel Almodóvar, Ignacio Camacho...

Me siento orgullosa de compartir mesa con ellos en este debate que ven cada día más de dos millones de personas. Mi vocación es el pluralismo y la honestidad. Y acercar los grandes temas a la audiencia de una manera amena y distendida. No sé si lo consigo: sé que el público lo sigue.

El gran pecado para mí es aburrir. Intentamos que las cuestiones del debate se aborden de una manera cercana. Es tan vivo y por momentos tan visceral que a veces se pierden las buenas formas y me toca vivir situaciones tensas; porque todos son compañeros y amigos, grandes periodistas que me honran, aunque en ocasiones se manden unos a otros a la mierda, como en una ocasión Carmen Rigalt a su marido, Antonio Casado, o se tiren los trastos a la cabeza, como Consuelo Álvarez de Toledo y Juan Adriansens, o se llamen bobo el uno al otro, como Miguel Larrea y Raúl del Pozo. Pero ¿por qué la televisión tiene que ser distinta de la vida?

Lo importante es que el debate supone un ejercicio de pluralismo y libertad. Eso, en nuestro caso, ocurre todos los días, aunque he tenido que leer cosas como ésta: «No hay debates políticos en televisión.»

Sí que los hay. Me gustaría que quienes firman esas cosas vieran un día el nuestro para que se enteraran de lo que ya sabe el resto del público: que Tele 5, dentro de «Día a día», ofrece un debate de política y de información general.

Creo que si mi programa funciona se debe, en un porcentaje muy elevado, a que lo he dotado de mucho contenido y porque, por ejemplo, no hablo a las mujeres como a amas de casa, sino como a personas.

Podría recordar tantos espacios que he hecho y que ahora no puedo hacer. Recuerdo, por ejemplo, un clásico de mi programa: «Los monólogos de la plancha», escritos por guionistas como Elvira Lindo, Josep Vicent Marqués, Miguel Ángel Almodóvar y Arturo González. Precisamente, Arturo es el autor de este que reproduzco aquí:

PLANCHANDO ANTE UNA TABLA

El caso es que le quiero. Es un hijo de Satanás pero le quiero. Me engaña desde hace años, yo lo sé. La primera vez estaba nervioso, como un niño. Se arreglaba a escondidas, llegaba tarde o llamaba y ponía una disculpa tonta. Ya no me quería, ya solamente nos soportábamos. Yo hice como que no lo sabía. En el fondo me comía la ira. ¿Cómo sería aquella estúpida que me suplantaba? Yo aún era joven. Habíamos sido muy felices, bueno, bastante felices. Nos acariciábamos en la oscuridad y sabíamos que éramos nosotros, podíamos dibujar nuestras caras, nuestros cuerpos se acoplaban, se complementaban como si fueran de goma. No protestaba porque no le dejaba escuchar a José María García. Luego sí. Luego, con el brillito de la radio reflejado en el techo, yo pensaba, le sentía, le adivinaba. En el cielo empezaron a aparecer brujas, unos seres horribles que se carcajeaban de mí. Él se dormía y yo seguía insomne. Algo pasaba, y no era por García. Amor mío, amor mío, tanto como habíamos hablado, tanto como habíamos proyectado. Habíamos engordado, los dos, y las alianzas nos apretaban. Un día yo me la puse en este horrible dedo, el índice, él se la quitó, una mañana la dejó olvidada en el cuarto de baño, yo la recogí y él nunca preguntó. Sí, ya sé que son símbolos tontos y que lo importante es lo que se siente, pero también fueron un sello que hacía pública nuestra condición. Mejor, así no tendría que quitársela antes de verse con la otra, aquella primera golfa, y esconderla en el bolsillo superior de la chaqueta. Además, tendría que soplar y frotarse el dedo para que no se le notase la marca. Amor mío, amor mío, ay, qué cierto es que las mujeres somos aún las que nos resignamos. Tragar, que se dice. Hacerse la tonta, que también se dice. Y venga García. Y cada vez más silencio, calladas recriminaciones, pasajeras euforias.

Noté en mi carne todos sus devaneos. Supe cuándo acabó con ella, cuándo reanudó, cuándo acabó otra vez, ésta definitiva. Estuvo más cariñoso, yo me resistía, pero poco, la verdad. ¿Qué iba a hacer? Era mi marido al fin y al cabo, y además estaban los niños. Pero nunca ya fue como antes, como al principio. Gerardito no aprobaba, Isabelita era tímida y huraña. Continuamos así un tiempo, con el amor congelado en la nevera. Pero quien hace una hace ciento. Yo no sé qué trucos empleaba. Supongo que les contaba eso de mi mujer no me comprende, ay, si te hubiera conocido antes. Y me salió la primera arruguita. Y la segunda. Y a él también, menos mal. Veraneábamos, los hijos crecían, nuestros padres eran ya queridos carcamales. Y nosotros, y yo, allí, en medio de la tormenta, poniéndosenos tristes los ojos, de tanto buscarnos, indagarnos, odiarnos. Era una historia común, vulgar. Pero cada uno sufre su propia historia y le parece la única. La verdad es que lo llevó bien, con discreción, nunca planteó la separación. En última instancia nos teníamos un cierto cariño. Y yo aquí, con rabia, planchándole las camisas, viendo a Hermida, haciéndome vieja, y, lo que es más importante, resentida. Amor mío, amor mío, he gastado mi vida junto a ti, je, junto a ti, en tu casa, en nuestra casa, con kilómetros de distancia de por medio. Amor mío, amor mío, te jodes que te seguiré queriendo, siempre te he querido, nunca he dejado de quererte, por eso cuando seamos definitivamente mayores yo seré la triunfadora y tú serás un recuerdo encima de otro. Antes de que esta camisa ya no te sirva, un día me dirás perdón, quiero contarte una cosa, no, no te atreverás, te irás al sepulcro con tus secretos, y que te quiten lo bailado, pero eso sí, te morirás antes que yo y no podrás llorar, seré yo quien te lleve crisantemos, aunque en mi soledad siga planchando y quemándote la camisa como hoy. La que me vas a armar, amor mío. Ella no te querrá, porque ésta es la que le gusta; lo tengo medido, siempre que te la pones no vienes a cenar.

A quienes nos ven les informamos de lo que está pasando en ese momento en el mundo; en todos los mundos, incluido, por supuesto, el del corazón. Fui la primera en tocar ese género en televisión. Lo hacía con Rosa Villacastín y Carmen Rigalt, y nuestro estilo era muy diferente del que priva habitualmente en la actualidad.

Ahora, la crónica del corazón ha devenido en algo que no me gusta. El tono y los protagonistas los han generado ciertos programas, que han creado un tipo de gente que vive de contar podredumbres previo pago de su importe. Algunos, incluso, cobran por inventarse las historias. Me parece terrible. No sólo porque les pagan para que hagan daño a algunas personas, sino porque quienes les ponen el talón encima de la mesa saben, en muchos casos, que lo que van a decir esos invitados es mentira. O sea, primero se da la noticia, se abona la correspondiente cantidad y después ya habrá tiempo para desmentirla. Lo siento, pero no va conmigo. No doy cancha a estos que llamo «licenciados en Ciencias de la Difamación».

Tengo un total rechazo por ese tipo de actuaciones. Desde mi programa he intentado luchar contra ellas, contra determinadas pautas y personajes que me parecen indignos y repugnantes. No obstante, a veces me hacen un comentario:

—Pero tú haces «Gran Hermano» y esas cosas...

Yo puedo hacer «Gran Hermano», pero si alguien de ese concurso denuncia algo falso con el único propósito de incrementar su cuenta corriente no le doy cancha. Si lo que hacen es hablar de lo que ha pasado dentro de la casa, de cómo han sido las relaciones con sus compañeros, ahí no tengo ningún reparo en invitarlos al programa. Hay una línea divisoria, una frontera moral, que nunca cruzaré. Ni por dinero ni, por supuesto, por audiencia.

¿Qué es la telebasura?

Muy sencillo: la televisión sin escrúpulos. Telebasura es «el todo vale», el «todo se compra», el «todo se vende» y es, por qué no, la falta de piedad. Aunque también sería discutible si debemos enmarcar esta «modalidad» exclusivamente en el mundo del corazón, lo cierto es que tendemos a circunscribirlo en ese ámbito. La crónica social no es nada nuevo. Es un género. La telebasura es más reciente. Y es, en mi opinión, un subgénero.

La frontera está en el asalto, a saco, de la intimidad de las personas, en estos casos de los famosos, y en abordar sus vidas, que no sus obras, sin la menor consideración. También es cierto que algunos de esos personajes lo que no tienen, precisamente, es obra: tan sólo una vida que ponen en el mercado bajo múltiples, rocambolescos y miserables pretextos. Es decir, la telabasura son ellos y los que les pagan: actores mediocres en busca de un papel y empresarios desalmados en busca de una audiencia.

Los famosos no tienen por qué ser, ni muchísimo menos, vacas sagradas. La crítica incisiva, incluso una cierta ironía, no está reñida con una actitud profesional en la que cada uno se marca su propio límite y excluye, desde luego, lo denigrante y zafio.

Telebasura es conspirar, acusar, acosar y mentir. Pero no a todos los programas, por el simple hecho de abordar cuestiones del corazón, se les puede medir por el mismo rasero.

Además de telebasura, ¿hay prensa basura, política basura, justicia basura y libros basura?

Sí. Pero lo uno no justifica lo otro. Lo que ocurre es que el ser humano no puede vivir sin basura, sin producirla. En todo, hasta en las excrecencias del parto. La basura son los residuos de la opulencia. De la opulencia mental, social, cultural, jurídica, religiosa, sentimental, etcétera. La gran característica de la condición humana es la selección, y la selección inevitablemente produce basura. Todas las mañanas nos desayunamos con tazas de mierda de la prensa basura, con declaraciones políticas dignas de un escorial, con sentencias basura que atentan contra el sentimiento popular y los derechos humanos, con libros que hacen apología de lo más bajo de las pasiones. Si me lo permiten, España ha llegado a un buen grado de desarrollo económico, pero ha caído en una sima cultural alarmante. ¿Es causante o culpable la televisión, por mucha influencia que tenga en la conformación de opiniones entre los ciudadanos? Es posible, pero son mucho más demoledores los soterrados efectos de la política-basura, de la justicia-basura, de la prensa-basura. La televisiónbasura no obedece a móviles ideológicos espurios, sino puramente comerciales, de índices de audiencia, mientras que las otras basuras, política, judicial y de prensa, encuentran su fundamento y fin en sumisiones y adscripciones a lo tendencioso, al intento de cambiar interesadamente las estructuras morales del mundo. Hace más daño una manipulación en un editorial o una columna de periódico que los pechos arreglados de Belén Esteban; hace más daño una sentencia que exculpe y justifique a un maltratador que las andanzas del ex marido de Sara; hace más daño una insidia política que lo que puedan decir Humberto Janeiro o Maite Zaldívar. Lo cual no quiere decir que los de la tele estemos exentos de culpa. Porque, ¿qué decir del pedorreo de lo rosa, lo salaz, el hurgar en la bazofia, los ataques al honor, lo miserable sentimental, la fabricación de bulos, el mercado de vilezas y villanías? Una cosa es el cotilleo o información del mundo de hadas, haditas y cenicientas, y otra la autopsia en directo y por televisión de las inquietudes humanas, de tratar el corazón ajeno como si fuera un bígaro, de no sentir bochorno y sacar provecho de coitos y diretes, de no tener la estatura moral de respetar el buen gusto, algo tan facilito de saber como es la decencia profesional y el honor, antigua palabra, de los demás, con el escalpelo, dicen que periodístico, de los más bajos y reprobables instintos. Perdónenme, pero yo lanzo la primera piedra, y si he pecado, me arrepiento aquí y ahora, quiero decirlo. Porque a mí también me lleva la corriente. ¡Ojo: me lleva; no me arrastra! La frontera está en el nivel al que pongas tu propio listón. Eso es lo que nos diferencia a algunos de los licenciados de los que yo llamo Ciencias de la Difamación, en esos auténticos protagonistas del mercado de vilezas en que convierten el medio televisivo. Porque hemos llegado a unas cotas tan increíbles que incluso han aparecido agencias que «fabrican» una serie de personajes a los que se les asigna un papel que tiene como objetivo destruir y hacer saltar por los aires el trabajo y la biografía de otras personas. La mentira es el hilo conductor de sus historias. Y el talonario el nexo en común entre ellos y quienes, aun a sabiendas de que se trata de una mera invención, firman la cantidad estipulada entre ambas partes. Entre ambas deshonestas partes.

¿Quiere decir esto que no estoy contaminada por la televisión que se hace ahora? Pues no. A mí, repito, también me lleva la corriente. Eso sí, procuro no bajar más el listón, que para mí, ya digo, está en no descender a difamaciones ni emprender campañas de linchamiento.

Famosos: verdades y mentiras

Como dice mi amigo y compañero Jaime Peñafiel, valgo más por lo que callo que por lo que cuento. Es fácil imaginar que sé cosas de gente conocida, pero a veces antepongo la amistad y otras la humanidad. Y hasta la caridad cristiana, cosa de la que creo que andamos muy necesitados. Por hacer un programa de televisión no voy a machacar a una persona. A quien sea. A lo mejor en el futuro llego a deshumanizarme, pero eso afortunadamente no me ha pasado todavía.

Un día podría relatar las conversaciones en mi camerino con Carmen Bazán, la madre de Jesulín y de Carmen Janeiro. Esta mujer, con la que no tengo relación de amistad, me contó la realidad de su vida. Al escucharla lo pasé bastante mal. Sería incapaz de airear esas cosas, todo lo que le duele, porque soy una tumba. Ni siquiera me dijo «esto no lo cuentes». Simplemente, por principios, me lo guardo. Entiendo que en ese momento era una mujer que me abría su corazón porque confiaba en mí. Luego, al llegar al plató, no le pregunté por ninguna de esas cuestiones. Hay entrevistas que se me han quedado cortas porque he sido incapaz de utilizar una confidencia previa, un testimonio íntimo y doloroso.

A veces también me callo porque, si digo algo, la otra persona me contestaría desde otro programa y vendería mucho tener una trifulca conmigo. ¡Cuántas cosas podría decir de Rocío Carrasco! ¡Decir todo lo que he visto sufrir a esa familia! He sido testigo de cómo Rocío Jurado, la gran estrella de la canción, se ponía de rodillas delante de Jesús Mariñas, pidiéndole, por favor, que dejara en paz al padre de sus nietos cuando tuvo el juicio de la Guardia Civil. He vivido el nacimiento del hijo pequeño de Rocío Carrasco, los últimos tiempos de su matrimonio, y sé muchas cosas que no voy a contar. Después me critican y me dicen, como una acusación, la conocida muletilla: «Es que tú siempre defiendes a tus amigos.»

No. Yo salgo en su defensa porque sé cosas por la cercanía, por el conocimiento que da la proximidad con alguien. La gente no sabe lo que Rocío Carrasco ha llorado. Me he solidarizado mucho con ella. Y me gustaría dejar una pregunta en el aire: ¿qué es lo que ha hecho Rocío diferente de otras chicas de su edad?, ¿cuál ha sido su pecado para que se lleve años linchándola y cobrando por ello, y cuando parece que todo termina vuelve a salir algo? Hay una serie de personas que se han acostumbrado a ganar dinero de esa manera: han convertido a Rocío en su negocio. Luego están a los que les da exactamente igual los sentimientos de los demás. Rocío Carrasco, como ella dice, ha vendido exclusivas, sí, pero de momentos felices.

También recuerdo la boda de Rocío Jurado. No vi nunca mayor generosidad con los periodistas como en aquella ocasión. Abrieron la finca a todos. ¿Para qué sirvió? Para que estuvieran años cachondeándose de Ortega Cano con el «Estoy tan a gustito». Ella, que en eso es la generosidad en persona, tuvo allí a todo el mundo desde la mañana hasta la noche comiendo, merendando, cenando...

Yo fui quien le dio a Rocío Jurado la noticia del gravísimo accidente de coche de su hija, porque me habían llamado para decírmelo. Nunca olvidaré a esa Rocío Jurado haciendo el viaje de Sevilla a Madrid sin saber si, al llegar, su hija estaría viva o muerta. Y la angustia que sentí al entrar en el hospital y ver a Rocío Carrasco con una gran brecha en la cabeza y llena de tubos. Recuerdo que pensaba: «¡Dios mío, cuando llegue la Jurado y vea así a su hija!» A pesar de todo, ella estaba consciente y repetía sin parar lo mismo: «¡Qué golpe tan grande en la cabeza, qué golpe tan grande en la cabeza...!» Unos días después, mientras Rocío estaba con el collarín puesto, convaleciente de sus graves heridas, su ex marido se fue a un programa de televisión a contar aquellas cosas «tan bonitas»... muy caritativo y oportuno.

Recuerdo igualmente la «espantada» de Curro Romero días antes de su anunciada boda con Carmen Tello y la gran polvareda que se levantó con el asunto. Dije que tenía mi traje preparado y que estaba segura de que me lo iba a poner para la ocasión prevista. Decía aquello porque sabía que la boda, finalmente, se iba a celebrar.

También he conocido la persecución de la prensa a Eugenia Martínez de Irujo. Y hay gente que ha sido muy famosa, muy importante por su trabajo, y al final de su vida cae en la zafiedad. A mí me duele que Sara Montiel se haya desacreditado, que haya roto su mito. Y sin ir más lejos, Pajares, que tenía una gran carrera de actor, ha pasado a ser uno de los personajes más controvertidos de la prensa del corazón por todo el follón montado en torno a su familia. Lo mismo podría decir de Pepe Sancho y María Jiménez. ¿Quién tiene la culpa?

Algunos de esos famosos, en el instante de esos

hechos, quizá no estaban en su mejor momento. Pero me viene a la cabeza la famosa frase de los Hermanos Marx: «He salido de la más absoluta pobreza para alcanzar las más altas cotas de la miseria.»

En los temas del corazón creo que la pregunta, la línea divisoria, no es la de si han «vendido» o no sus cuestiones personales. Me parece más correcto otro planteamiento: «qué» venden y «cómo» lo hacen. Por eso, en principio, no estoy en contra de las exclusivas. Sí diré de entrada que no admito la oferta —ni, por supuesto, la compra— de mentiras. Y con esto no estoy apostando por un paisaje idílico, por una acuarela azucarada y rancia —como las que antes pintaban las revistas—, poblada de señoras de la alta sociedad con sus puestas de largo, y hombres engominados luciendo en el pecho un carrusel de condecoraciones y bandas de colorines. Ni eso, ni en lo que hemos derivado. Preferiría que todo se quedara en un término medio, sin pasar del rosa chillón y cursi al amarillo. O, directamente —como ocurre a veces—, al color de la mierda.

Las audiencias

Cuando un cirujano llega a tener prestigio profesional se limita a seguir haciendo bien su labor y a estar al día, reciclándose en las nuevas técnicas; un empresario, a mantener satisfactoriamente la gestión y a continuar su trabajo con seriedad, y un catedrático, a enriquecerse intelectualmente y a impartir su sabiduría en clase.

Si se llega a obtener fama y prestigio en televisión, el profesional tendrá que seguir examinándose todos los días: eso es la audiencia.

Alguien dijo que uno vale lo que su último trabajo. Y eso, en la televisión, es una durísima realidad. Con frecuencia me dicen que por qué me preocupo tanto por la audiencia, como si hubiera conseguido, después de quince años de liderazgo, lo que ya nadie me podría quitar. Pues están muy equivocados. Los de «Día a día», o sea, mi equipo y yo, somos como el Real Madrid de las mañanas —perdonen la vanidad—, con la diferencia de que al equipo blanco se le exige ganar la Liga y a nosotros no sólo ganar la temporada o el trimestre, sino todos los partidos.

¿Es serio publicar, después de quince años, que alguien te arrebate el liderazgo porque te saque unas décimas o un punto dos días seguidos? Hay quien estuvo dos años viviendo del cuento de que me había ganado porque un día me sacó ocho décimas. Puede que eso debiera enorgullecerme. Puede que yo tenga demasiada soberbia. He hecho, aunque no lo crean, muchos exámenes de conciencia sobre este tema.

Considero que la empresa me ha hecho un excelente contrato y me paga para hacer mi trabajo lo mejor posible. Para mí, eso significa llevar cada día a Tele 5 al liderazgo de audiencia en mi tramo horario y a poner toda la imaginación, toda la carne en el asador, para conseguirlo. Y lo hago. Lo hacemos, porque es una labor de equipo. Cada mañana, la primera llamada de teléfono es de mi hija Carmen. Por su tono de voz sé si la audiencia es buena o no. Quiero decir que audiencia buena para mí es estar por encima del 26, que son cuatro o cinco puntos más arriba de la audiencia media de la cadena. Si «Día a día» tiene un 24 de *share*, es un fracaso. A veces leo que hay programas con un éxito consolidado en su franja horaria porque tienen entre el 18 y el 20. Cuando sea mayor quiero ser capaz de rentabilizar el fracaso tan bien como hacen algunos. Los felicito por ello.

Es cierto que he visto pasar, y luego desaparecer, a muchos de estos especialistas en rentabilizar fracasos. Es sorprendente cómo alguien puede publicar que un programa de baja audiencia es un éxito, y luego todos siguen dando por hecho ese éxito sin pararse a mirar las audiencias ni una sola vez. Esto debe de ser como aquel refrán: «Crea buena fama y échate a dormir; créatela mala y échate a morir.»

Ignoro cuánto tiempo permaneceré haciendo un programa de tan larga duración. Pero ¿sería imposible que después de tantos años de liderazgo se me permitiera hacer el programa una temporada sin medir la audiencia? Sería el mejor premio que me habrían dado en la vida.

Quiero añadir que, desde luego, hay excelentes programas que tienen poca audiencia, y que las grandes audiencias no siempre acompañan a la calidad.

No sé cuál es mi caso. Eso deben decirlo ustedes. Pero yo aprendí hace 25 años que si quería seguir haciendo mi trabajo debería tener el respaldo de la audiencia. Y eso es lo que hago para continuar trabajando en lo que más me apasiona. Para eso, y jamás para no dejar de ser famosa, que es algo para lo que siempre he querido estar preparada cuando suceda.

Lo más importante de mi vida es mi familia, mis amigos y mi trabajo. Lo demás es agradable, pero accesorio. Pero, sí, me gusta que me quieran. Y me esfuerzo por lograrlo. Siempre me han gustado los retos. Por eso en la competencia soy mal enemigo y me crezco en las dificultades. Vivir es ponerte metas. La mía es la del «Día a día».

Un día de trabajo

—¿Cómo es una jornada tuya de trabajo?

Ésta es una pregunta que me han hecho muchas veces. Incluso hay compañeros que periódicamente van a Tele 5 para hacer un *making off* de «Día a día» y conocer así la trastienda del programa. Pero, claro, ese trabajo arranca en la redacción. Lo que voy a relatar aquí comienza en mi casa con el sonido del despertador a las siete y cuarto de la mañana. Algunos días es un momento que espero despierta, porque ya he tenido las horas de descanso necesarias. Paso mucho tiempo en la cama porque estoy absolutamente de acuerdo con una afirmación que me hizo en una ocasión José Luis de Vilallonga:

—¿Cuál es el secreto para estar en forma? —le pregunté.

Y él me dio su receta:

—A cierta edad lo más importante es el descanso. No estoy de acuerdo con la gente que hace mucho ejercicio o practica algún deporte con frecuencia. Cuando dispongo aunque sólo sea de diez minutos en los que no tengo nada que hacer, me tiendo en el sofá y doy una cabezadita.

Así pues, siguiendo ese ejemplo, desde hace unos años me acuesto cuando llego a casa, aunque no a dormir. En la cama ceno, leo, hablo por teléfono y veo la tele en una estupenda pantalla que he colocado frente a la cabecera. Así hasta las once y cuarto de la noche, en que suelo apagar la luz. Si algún día entre semana me hacen trasnochar, sufro unos momentos muy duros por la mañana: no puedo levantarme. Pero tengo que hacerlo obligatoriamente. Cuando sucede eso me acuerdo de lo que dice un amigo mío: «Un trabajo que no te permite levantarte después de las diez de la mañana ni es trabajo ni es nada.» Por lo tanto, trato de que mi cuerpo note lo menos posible el madrugón, pues, de no ser así, me acobardo mucho cuando me veo ante la cámara con las tres horas y media de programa por delante. Mi exigencia para conmigo misma y mi trabajo me obliga a salir en perfectas facultades y con todos los datos organizados en mi cabeza. Esos datos me llegan, primero, de la radio, que enciendo nada más levantarme a las siete y cuarto y que escucho hasta las nueve, y, después, de los cinco periódicos que leo, al menos en lo fundamental: páginas de nacional e internacional, editoriales y, además, un resumen de prensa que me prepara la redacción.

Al salir de casa tengo una caravana de casi una hora hasta llegar al trabajo. Ése es el tiempo que aprovecho para la radio y la prensa. Nada más entrar en Tele 5 hago la primera reunión de escaleta del día —los contenidos y el tiempo asignado a cada uno— con el equipo, que está ya preparando los reportajes de calle y la actualidad de todo tipo. Previamente, desde el coche, tengo una conversación con mi hija Carmen, que me recuerda temas del día y me ofrece temas y entrevistas, a la vez que le pido que los redactores me gestionen noticias y personajes que, por lo que he oído, me interesa desarrollar. La organización y coordinación es de Carmen Borrego, con el magnífico equipo del programa; pero, aunque me dejo aconsejar por ella, suelo elegir muy directamente los contenidos.

Hay una parte del programa que está cerrada (por ejemplo, los espacios semanales) y otra totalmente abierta a la actualidad. Quiero destacar que los vídeos y la información de última hora han de hacerse antes de las once de la mañana, y algunos, cuando surgen, al mismo tiempo que estamos en antena. El programa es algo vivo: nunca está cerrado y cualquier acontecimiento lo modifica, por lo que necesita un equipo adiestrado para cometidos muy diferentes. «Día a día» es un periódico de la mañana: la crónica de sociedad, el cotilleo, el cine, los sucesos, la política, la información general, la moda, la gastronomía... En fin, abarcamos disciplinas muy diversas.

Tras la reunión de escaleta paso a peluquería y maquillaje. Mientras, Carmen y el equipo elaboran documentación, ultiman gestiones, editan vídeos y hacen las oportunas llamadas telefónicas propias de una redacción. Desde el camerino sigo en permanente contacto con ellos, a la vez que reviso los datos sobre los invitados, aprendo los temas de corazón y corrillo y escucho —todo al mismo tiempo— a Sonsoles, mi secretaria desde hace muchos años y casi una hermana, que atiende a cuantos preguntan por mí para mil cosas diferentes. Tengo que decir que la gente me quiere mucho; pero, a veces, me sobrestiman y creen que puedo solucionarles todos sus problemas. ¡Qué más quisiera! No obstante, una de las grandes vocaciones del programa y mías ha sido y será siempre el servicio público: buscar personas, denunciar injusticias, dar voz personal o telefónicamente a quienes lo necesitan... Para mí, esa disposición hacia los demás justifica otros muchos minutos de frivolidad. Pero de todo tiene que haber en la vida o en un programa de televisión que quiere reflejarla.

A las dos y media de la tarde vivo un momento feliz: ¡hemos terminado! Subo al camerino con mi querida sastra Sole, quien siempre se preocupa de llevarme unos zapatos cómodos para cambiarlos por los tacones altos con los que hago el programa (sí, soy bajita).

Ya en el camerino me cambio y, normalmente, me pruebo ropa para otros programas y elijo entre lo que Ana, mi estilista, me lleva de distintos diseñadores. De ahí, de nuevo a la redacción, a repasar la escaleta del día siguiente, seleccionar los temas de espacios semanales y hacer una autocrítica de lo que nos haya podido pasar en lo que a errores se refiere. Creo que no hay fallo pequeño: hay que saber por qué ha ocurrido, dónde estaba el error, que a veces cometo yo misma, para intentar que no vuelva a repetirse. Nos vamos a comer, pero la verdad es que cada uno cumple con su cometido antes, por eso la maquinaria del programa nunca para; por ejemplo, el capítulo de producción, que se encarga, entre otros asuntos, de los viajes de los invitados y de la compra de imágenes.

Lo importante es que nunca quede un cabo suelto, porque si alguien se olvida de los rulos calientes de Lauren Bacall, como ya he contado antes, puede hundir con su descuido un programa.

Así pues, no hay trabajo menor: todos somos importantes aunque sea yo quien me lleve la gloria.

¡Gracias, compañeros! Algunos lleváis conmigo tantos años que sois igual o más que mi familia; como Rafa Lorenzo, como Gustavo Guillermo, que no exagero si digo que daría por mí la vida, o Angelines Meneses, cuya labor en documentación es inestimable. En fin, que si esto es como la película del programa, sólo se me ocurre terminar con el *cast*:

REDACTORES: Alonso de Viana, Azahara Luna, Beatriz López, Elena de la Plaza, Esther Pedraza, Francisco Ruiz Cumplido, Jesús Ángel Acha, José Montoro, Lorena Galán, Monika Silvan, Óscar Modrego, Paloma Barrientos, Susana Ávila, Virginia Cavero, Yolanda de Agustín, Yolanda Purón, Francisco Pérez Caballero, Rebeca Giménez.

DOCUMENTALISTAS: Ángeles Meneses, Armando Armada, Begoña Araujo, Diego González, Guillermo Guillermo.

COLABORADORES: Alessandro Lequio, Amalia Sánchez Sampedro, Andrés Arconada, Ángel Antonio Herrera, Ángel García Tous, Ángeles Hernández, Antonia Chávez, Antonio Casado, Arturo González, Beatriz Cortázar, Carmen Janeiro, Carmen Rigalt, César Vidal, Consuelo Álvarez de Toledo, Cristina Tárrega, Curry Valenzuela, Eduardo Mendicutti,

Enric Sopena, Enrique del Pozo, Enrique Rodríguez Lechuga, Esperanza Gracia, Francisca López-Calderón, Francisco Pérez Abellán, Francisco Valladares, Hortensia Sánchez, Ignacio Camacho, Ignacio Martínez Pantoja, Iván Armesto, Israel Pita, Isabel Sansebastián, Jaime Peñafiel, Javiert Nart, Jesús García López, Jesús Mariñas, Jorge Javier Vázquez, José Oneto, Josemi Rodríguez Sieiro, Juan Adriansens, Juan Teba, Ketty Kaufmann, Luis Ignacio Parada, Pepa Jiménez, M.ª Antonia Echarri, M.ª Antonia Iglesias, Mariví Fernández Palacios, Miguel Ángel Almodóvar, Paloma Gómez Borrero, Rafael Torres, Raúl del Pozo, Roberto Egan, Rosa Villacastín, Sabrina Mahi, Sergio Alis.

EQUIPO DE IMAGEN: Terelu Campos, Cuca García de Vinuesa, Chari Gómez Miranda, Yolanda Flores, Rocío Carrasco.

MÚSICA: Federico Vaona.

AZAFATAS: Carolina Balestrini, Reyes Machiñena, Yolanda de Agustín.

PRODUCCIÓN EUROPRODUCCIONES, AYUDANTES DE PRODUCCIÓN: Manuela Roldán, Sagrario Vázquez.

PRODUCCIÓN TELE 5, JEFE DE PRODUCCIÓN, AYUDANTES: Marisa G. Barahona, Ana Anda, Mercedes Platero, José de la Peña.

MAQUILLAJE: Luisa Iglesias, Rosa Navajas, Alicia Blanco, Miguel Díez, Mara Roselló.

SASTRERÍA: Soledad García-Robles, Adonina Fernández.

ESTILISMO: Susana del Coso, Ana Espinar.

REGIDORA DE SONIDO: Manuela Juárez, Paulino Martínez, Jesús Sanz, Alfonso Aceña, Manolo Martínez.

CONTROL CÁMARA: Francisco Hernández.

MEZCLADOR: Alberto Uriarte.

VTR: Mariano Gómez.

CÁMARAS: Óscar López, Virginia Benítez, Eduardo Duque, Ferrán Parera, Elena Martínez, Javier Gordo.

GRÚA: Roberto Bregón, Víctor Sanz.

MAQUINISTAS: Antonio Jurado, Raúl Gómez, Vicente Sierra, Luis Carlos López.

AUXILIARES PLATÓ: Sergio Murillo, Roberto Pazos, Jesús Berlauz, Jorge Bengoechea, Enrique López, José Antonio Alonso.

JEFES ELÉCTRICOS: Francisco Holgado, Javier Zamorano.

ELÉCTRICO: Manuel Gómez.

ILUMINADOR: Francisco Manuel Agudo.

JEFE TÉCNICO: Fernando Gallego, Juan Manuel Rodríguez, Raúl Izquierdo.

AYUDANTES DE REALIZACIÓN: Nuria Hormigos, Olga Bertol.

OP. DE TITULADORA: Margarita Marcé.
OP. DE EDICIÓN: José Tejero, Carmen Virgós, Gloria Perojil, David García, Manuel Abella, Enrique de la Vara.
GRAFISTAS: Mercedes Blasco, Rosario Tardón.
OP. POSPRODUCCIÓN: José Carlos Culebras, Laureano Lozano, Gema Muñoz, Salvador Martínez, Miguel Ángel Carrillo, Antonio Corpas.
EQUIPO DE DIRECCIÓN: Alina Eligio de la Puente, Gustavo Guillermo, Juan A. Fernández, Sonsoles Sanz.
AYUDANTE DE DIRECCIÓN: Gerardo Peláez, Ángela Calero.
REALIZADOR: Iñaki Pérez.
JEFE DE PRODUCCIÓN (EUROPRODUCCIONES): Rafael García.
SUBDIRECCIÓN: Rafael Lorenzo.
DIRECCIÓN ADJUNTA: Carmen Borrego.
DIRECCIÓN: María Teresa Campos.

¡Ah!... Hay tardes estupendas en las que me dedico a comprar o a ir al cine. Otras muchas tengo reuniones o compromisos en la calle; aunque cada vez acudo a menos sitios, por lo dicho: desde casa, la cama me llama a gritos para volver a empezar al día siguiente. Y así hasta que el público y mi salud lo permitan.

Mi ocio

«¿Y tú no trabajas demasiado?» «¿Cuándo vas, por fin, a descansar?»

Hay una creencia sobre mí en la que se me ve como a una persona que vive sólo para trabajar. Eso es porque mi trabajo se ve mucho, no así el de los demás. Cierto es que desde los quince años hasta hoy he dedicado una gran parte de mi vida a una profesión maravillosa, que me ha dado muchas satisfacciones. Pero también he disfrutado —y disfruto— plenamente de la vida.

Tengo muchos amigos. Siempre los he tenido y muy diferentes. Como mis amigas del colegio, entre las que quiero destacar a Asunción de Miguel, de quien el tiempo y la distancia me separaron, pero que forma parte de mis mejores recuerdos, de tantas tardes de cine, de compras o de recogida de niños del «cole»; de una vida tranquila en una ciudad acogedora como mi querida Málaga. Y están esas otras amigas con las que compartí el ardor político de la transición: Chiqui Gutiérrez del Álamo, Pilar del Río, Amparo Rubiales y tantas otras. He tenido, y sigo teniendo, veranos maravillosos, como aquellos en que me iba junto a Carmen Rigalt y Rosa Villacastín a Marbella, que entonces era la Marbella del *glamour* y las grandes fiestas, la de Jaime de Mora y Aragón y Alfonso de Hohenlohe.

Sí, he trabajado y he vivido. Tengo mis paraísos personales, como Bávaro, en la República Dominicana, donde tanto he disfrutado de sus playas maravillosas. Me encanta viajar a Nueva York, pasear por sus calles para contemplar y sentir la grandeza de su mestizaje, la vanguardia de sus galerías de arte, el encanto de un recóndito club de jazz o la espectacularidad de su ópera o de sus musicales. ¡Ah!, y, por supuesto, dejarme llevar por la tentación de sus tiendas. A esa ciudad voy siempre acompañada por amigos como Cuca García de Vinuesa, Sonsoles, Rafa Lorenzo, Enrique Miguel Rodríguez o Josemi Rodríguez Sieiro. A veces hago una escapadita a París o a Londres con mi amiga Marily Coll.

Me gusta leer, especialmente ensayo, libros de historia y biografías. Quizá mi asignatura pendiente sea la novela, por la que me siento menos atraída, aunque cuando me encuentro con títulos como

Soldados de Salamina, de Javier Cercas, o cualquier obra de José Saramago, caigo rendida de entusiasmo.

Siempre que puedo voy al teatro o al cine, a ver sobre todo películas españolas, pues creo que en la actualidad la nómina de actores y directores es espléndida y me interesan mucho las historias que me cuentan. Es decir, no formo parte de ese elevado número de españoles que, según las encuestas, prefieren los largometrajes de Estados Unidos: me quedo con lo que se hace en casa, aunque tampoco descarto lo que llega de fuera.

Y en ese tiempo de ocio que, insisto, tanto me gusta aprovechar está, por supuesto, el placer de la mesa. Pero, más que por «lo que» como —soy Géminis—, por «con quién» como. Pocas cosas pueden existir tan agradables como una sobremesa con un grupo de amigos, alternar conversaciones relajadas e intrascendentes con otras más serias, e incluso establecer el debate informal, acalorado en ocasiones, que surge en torno a un mantel y a una taza de café.

No, no todo es trabajo en mi vida. Con ser importante, necesito —y puedo— desconectar. Cuando al final de cada programa me despido de los espectadores comienza mi otro tiempo. Ese que guardo y reservo para mí.

En familia

Tengo tres nietos: José María, Carmen y Alejandra. Iba a decir que son mi debilidad. Pero no. Son mucho más que eso. Para mí significan la alegría, el amor y la esperanza. Un día malo —que los hay— queda compensado con una mirada, una palabra o una sonrisa de uno de mis nietos. En ese sentido me considero muy afortunada, porque, además, siempre me ha encantado ser abuela. Los estoy viendo crecer, estoy compartiendo una etapa que será decisiva en sus vidas e inolvidable en la mía.

He sufrido mucho por los dos mayores con la separación de mi hija Carmen. Pero ella ha llevado esa ruptura con bastante discreción y sin que trascendiera nada de lo que estaba pasando. Lo malo es que, a veces, con los sinsabores, con el dolor continuo de una situación límite, uno enferma. Eso le ocurrió a Carmen. Y ésa ha sido una de las experiencias más duras de mi vida.

Aprovecho este libro para decir que las personas deben estar juntas mientras se quieran. Si alguien deja de querer, muchas veces puede ser porque tú no has hecho las cosas suficientemente bien. O es un problema de dos. Lo que me parece tremendo, llegada la separación, es utilizar a los hijos como venganza. A los niños hay que dejarlos al margen, no interferir, no herir, no envenenarlos con los problemas y discrepancias de la pareja.

Con el divorcio de Carmen he padecido un proceso judicial de siete años. Siete años de auténtico calvario, en el que el caso acabó finalmente en el Tribunal Supremo. He hablado mucho con mis nietos, porque consideraba que ellos tenían derecho a saber qué era verdad y qué era mentira, sobre todo lo relacionado con su madre. Cuando una persona, como yo, es conocida, la gente es libre de hacer sus suposiciones, de imaginarse de ti lo que le dé la gana. Pero a mí lo que realmente me importa —y me importa muchísimo— es lo que piensen de mí los que están más cercanos a mi vida. Y, mucho más, lo que piensen de mis hijas.

Creo que mis hijas son bastante queridas por su entorno, apreciadas por sus compañeros y amigos. Me han salido trabajadoras y de eso que antes se llamaba «de su casa». Yo pertenezco a una generación en la que el hogar era lo fundamental para una mujer. Quizá Terelu y Carmen han visto en mí a una mujer de su casa y, al mismo tiempo, a una mujer profesional. En cierto modo, ellas han reproducido bastantes de esos roles.

Pienso que los hombres que no hacen nada en la casa se pierden algo muy valioso. Sí, se pierden cuidar y mimar un territorio tan personal, tan íntimo. Durante mucho tiempo, los fines de semana no tuve a nadie trabajando en casa y me metía en la cocina a guisar para todos. Jamás me importó. Eso sí, siempre que se valore. No soporto que el ejercicio de esas tareas parezca una obligación que se tiene con los demás, mientras que los demás apenas siquiera tienen una frase amable con uno. Y esto va por los hombres.

A lo largo de mi vida he entrevistado un montón de veces a Antonio Gala. Siempre es enriquecedor hacerlo. Recientemente hablábamos los dos de la cantidad de cosas que se han perdido los hombres. Muy pocos conocen la sensibilidad, el poder llorar, el no tener que ser valientes; en fin, todo lo que supuestamente no forma parte de su universo masculino. Pero un universo no tiene por qué ser, necesariamente, un paraíso. De ahí que en el machismo haya una parte que los perjudica fundamentalmente a ellos mismos.

Me parece indignante que la mayoría de los hombres que continúan reproduciendo modelos anteriores de comportamiento, sin embargo se apunten ahora a lo que más los beneficia a ellos: la custodia de los hijos, con el argumento de que para algo somos iguales. Creo que es una postura truculenta e hipócrita.

A la hora de la verdad, la responsabilidad de los hijos es más de la madre, porque hay una cosa que nunca va a cambiar —y en eso me he vuelto conservadora—: siempre seremos nosotras las que vayamos a parir. Por lo tanto, hay una edad en los niños en que existe una innegable vinculación biológica con su madre. Eso jamás podrá ser equiparable al hecho de depositar el semen para que fructifique. Creo que en las separaciones los hijos deben seguir teniendo a su madre y a su padre. Por supuesto. Pero hay una edad en que, en igualdad de condiciones, no es lo mismo una madre que un padre, salvo excepciones. Pido perdón si esta afirmación puede resultar machista. Lo digo por una simple razón: la biología no cambia.

Y también pienso que un nieto es alguien a quien quiero muchísimo, pero nunca es igual que un hijo. Para empezar, la responsabilidad de un nieto no es tuya. La de un hijo, sí. Y para toda la vida. A mi edad me siento todavía responsable de cosas que les pueda pasar a mis hijas, pese a ser mayores. Por eso, generalmente un nieto te da más satisfacciones, y un hijo, más disgustos.

Hay días en que creo que, aparte de las cosas materiales, sólo los tengo a ellos. Porque una, desde luego, tiene sus horas bajas; esas en las que piensas en las personas que te han fallado. O en las personas a las que he fallado yo, claro. La verdad es que en mis relaciones he intentado dar mucho. Pero a veces eso no te lo perdonan.

¿A lo mejor es que ningún hombre me ha amado? A estas alturas de mi vida, ésa es una pregunta que me hago muchas veces. Una pregunta sin respuesta.

Capítulo aparte merecerían mis hermanos: Juan, a quien este libro debe «la historia del abuelo», que ha hecho con rigor y con cariño. Juan es farmacéutico, serio; a veces puede parecer impenetrable. Pero creo que es el más sensible de todos. Sus sentimientos están bajo muchas llaves. Y con Quica forma el matrimonio más estable de mi familia, donde los llamados hermanos políticos lo son tanto como los biológicos. De Paco, cuya ausencia tras su muerte hace dos años noto cada vez más, recuerdo la alegría de su juventud, su bonhomía, su grandeza a la hora de dar y su dificultad para soportar las vicisitudes de la vida: de ahí sus dependencias. Nos ha dejado a su hijo y a Isabel, que es uno de los seres humanos más generosos que he conocido. Ya queda poca gente así, dedicada a anteponer el interés de sus personas más queridas por encima del suyo propio. Tomás, que tiene su mundo, tan rico, tan personal. No digo que es bueno, porque le molesta. Y porque, queridísimo hermano, eres mucho más que eso. Nos hablamos poco por la distancia, pero estás siempre en mi corazón.

Y mis hermanas: Concha y Araceli; casi mis hijas por la diferencia de edad. Cuando pienso en liberarme del trabajo me veo en Málaga con ellas, con las que tengo tantas cosas en común a pesar de ser muy diferentes. Concha, irreductible en sus principios, intelectual; que vive como quiere vivir, con una inquietud y una dedicación infinita al tema de la mujer, sobre el que ha investigado y aportado mucho en sus libros, producto de su trabajo como catedrática de Pensamiento Económico. Araceli, mi actriz favorita, cuyos años de anorexia están grabados en mi memoria como una de las situaciones familiares más duras a las que he tenido que enfrentarme. Hoy es madre de cuatro hijos y tiene con Tristán una bonita familia. Conmigo comparte intereses y temas comunes de conversación. Se merece todo el éxito, pues es especialmente perfeccionista en su trabajo.

Cuando termino de escribir este capítulo me doy cuenta de cuán afortunada soy por haber estado rodeada de todos ellos: el mayor lujo de mi vida.

A lo largo de más de cuarenta años de trabajo he tenido muchos equipos y he compartido radio y televisión con muchos compañeros. De algunos soy incapaz de recordar sus nombres. Otros se quedaron en el camino por desentendimiento o traiciones que, a veces, te llegan de quién más has apoyado y querido. Otros en cambio son, para siempre, parte de tu familia. Entre estos últimos está Paco Valladares, mi esposo televisivo de tantos años, a quien mis hijas —medio en broma, pero muy en serio— llaman padre por el cariño que le tienen. O Sonsoles, cuya abnegación conmigo tras quince años de trabajo no conoce límites. A ti, querida Sonsoles, quiero trasladarte lo que tanta gente me ha dicho al conocerte: «¡Qué suerte tienes con Sonsoles!» Gracias, querida. Rafa Lorenzo, que lo daría todo por mí y a quien a veces trato como un hijo y en ocasiones me gusta gastarle pequeñas bromas que hieren su sensibilidad. Yolanda Flores, cuya entrega a mi persona y al programa es imposible de superar. Cuca García de Vinuesa, con quien tantas cosas he compartido a pesar de ser tan diferentes y por quien pude medir su cariño cuando tuvo su grave accidente y estuvimos a punto de perderla. Nunca olvidaré esos minutos a las puertas del quirófano junto a sus hijos. Afortunadamente todo salió bien y podemos seguir peleándonos, espero que durante muchos años. Miguel Ángel Almodóvar, que significó tanto para mí en los primeros años en Madrid, y cuya amistad siempre me ha enriquecido. Es difícil preguntarle algo cuya respuesta no tenga.

Bien es verdad que el trabajo intenso y los años que ya me pesan impiden que les dedique el mismo tiempo que hace años. Espero retomarlo en el futuro. Y Carmen Rigalt, un lujo de amiga, de las que nunca fallan. O Rosa Villacastín, con quien he compartido tantas horas de ocio y amistad en unos años importantes para las dos. Por ella y por Miguel, su marido, siento un afecto muy especial curtido por el tiempo.

La lista, pues, sería larga y los amigos diversos: Desde Raúl del Pozo y Antonio Burgos —¡cuánto tengo que agradecer que estos grandes del periodismo me consideren personal y profesionalmente!— o Pilar del Río y Carmen Tello, a quien estoy muy unida actualmente, y a su marido, el gran Curro Romero. O María Rosa, magnífico ser humano, o Marily Coll, que tanto afecto me demuestra siempre y cuyo buen gusto y sensibilidad me conquistan.

Son, como digo, gente diversa. Seguro que se quedan muchos nombres. Y es que me precio de haber podido tener amigos en ambientes muy diferentes, cada uno de los cuales me ha aportado cosas distintas pero valiosas. Espero también haberles dado algo a ellos. De todos me siento orgullosa.

Si alguien dijo que «quien tiene un amigo tiene un tesoro», yo tengo un gran capital que ojalá conserve hasta la última de mis vidas.

Dos vidas... y algo más

Al saber que iba a escribir este libro sobre mi vida, muchos compañeros me han preguntado: «¿Vas a contarlo todo?» No sé si suponen que tengo secretos inconfesables o que pudiera sacar historias que dañaran a gente conocida. ¿Es sólo eso lo que vende...? ¿Hay que tener un canalla en tu biografía o más dependencias que te marquen o algo, en definitiva, escandaloso para que tu vida tenga interés de cara a los lectores? Si es así, es posible que este libro los haya aburrido porque, al margen de la singularidad de mi trabajo, o la fama y el éxito, soy una mujer como tantas, que ha acumulado experiencias familiares y sentimentales en dos épocas muy diferentes de la historia de España.

Éste es un libro en el que he volcado mis sentimientos y que puede servir a las generaciones actuales para saber cómo fuimos educados. Y conocer cuáles fueron las condiciones del tiempo que nos tocó vivir. De ese tiempo —excepto el régimen político—, seguro que hay cosas que merecerían tener vigencia y otras que afortunadamente están superadas y bien superadas.

Cuando oigo decir que la violencia doméstica, lacra de nuestra sociedad, tiene como una de sus causas la independencia de la mujer, pienso que sería terrible que sólo por luchar y conseguir los mismos derechos y libertades que el hombre, por lograr no ser ciudadanas de segunda categoría, eso nos haga reos de muerte.

Creo que las leyes han cambiado para la mujer. Vivimos en un Estado de derecho, pero está pendiente la revolución de puertas adentro de la casa. Las leyes, a veces, van por delante de la mentalidad de las personas. Yo aspiro a que los hombres cambien —muchos lo han hecho ya—, para que se sientan orgullosos de las mujeres de hoy; las que triunfan, las que trabajan, las que están a su misma altura: ellos y nosotras seremos más felices. Estamos en el siglo XXI y todavía hay energúmenos que practican el viejo dicho de «la maté porque era mía».

Lo digo desde la situación de una mujer que ha vivido un antes y un después —mis dos vidas— y que ha podido realizar sus sueños de ser humano. A las madres de hoy les aconsejo que eduquen a sus hijos, no como hombres y mujeres, sino como personas. Ése es el mundo que me gustaría que se encontraran mis nietas. Seguramente, algún día podrán reírse al ver cómo se vivía en la época en que su abuela era como ellas.

Me da miedo terminar este libro, si esto quiere decir que ya lo tengo todo hecho. Bien al contrario, me siento una mujer plena, con ilusiones y fuerzas para alargar esta segunda vida o para emprender una tercera, aunque sea de espectadora de los fascinantes cambios que este siglo nos puede traer.

Esa tercera vida podría comenzar en el momento en que se inició este libro: la concesión de mi segundo premio Ondas. Ese instante en que Gemma Nierga dijo:

—Ondas a María Teresa Campos por dignificar la televisión popular.

¡Dios, qué responsabilidad!

Espero hacerme merecedora de ello.

El libro termina. Pero yo, con el permiso de ustedes, me quedo...

E-mails

Subject: consulta a mª teresa.
Date: Fri, 10 Jan 2003 12:07:15 +0000
From: "*****" <*****@hotmail.com>
To: diadia@telecinco.com

QUERIDA Mª TERESA, EN PRIMER LUGAR DESEARTE UN FELIZ AÑO A TI Y A TODO TU EQUIPO, QUE SON TODOS ESTUPENDOS Y FELICITARTE POR LO GRAN PERSONA QUE ERES. SIEMPRE TE HE ADMIRADO MUCHO, Y TE SIGO EN TODO LO QUE HACES EN TELEVISIÓN. AHORA ESTAS MAS GUAPA QUE NUNCA, ESPLENDIDA!!! YO TENGO MAS O MENOS TU EDAD Y DESDE HACE MAS DE UN AÑO ME GUSTARIA OPERARME DE ESTETICA, SOBRE TODO EL CUELLO... COMO TU TAMBIEN TE HAS OPERADO Y TE HAN DEJADO TAN FANTASTICA, ME GUSTARÍA SI NO ES MOLESTIA PARA TI ME DIJERAS EL NOMBRE DEL CIRUJANO DE LA CLINICA. YO SOY DE SANTA CRUZ DE TENERIFE, Y NO TENGO NINGÚN PROBLEMA PARA DESPLAZARME A MADRID, AHI HE VIVIDO MUCHOS AÑOS Y ME ENCANTA; PERO LA VERDAD ME GUSTARIA SABER ALGUN PROFESIONAL QUE SEA DE FIAR, AUNQUE ME IMAGINO QUE HAY MUCHOS

YO NO LOS CONOZCO. QUERIDA Mª TERESA YO TRABAJO EN UNA PRODUCTORA CANARIA DE TELEVISION Y PIENSO QUE A LO MEJOR NO TENDRAS TIEMPO DE LEER TODOS LOS MAIL QUE TE ENVIAN, PERO SI LO HACE ALGUIEN DE TU PROGRAMA Y TE LO HACE LLEGAR ME ALEGRARIA MUCHISIMO, YA QUE TE TENGO UN GRAN CARIÑO, ERES COMO UN FAMILIAR MUY QUERIDO Y CERCANO. SI VIENES ALGUN DIA A TENERIFE, TIENES TU CASA Y UNA FAMILIA MAS, PORQUE TE QUEREMOS TODOS MUCHISIMO. GRACIAS, Y UN CARIÑOSO ABRAZO. MARIA MI E-MAIL ES *****@HOTMAIL.COM

Subject: mensaje maria teresa
Date: Sat, 11 Jan 2003 22:12:55 +0100 (Hora estándar romance)
From: "*****" <*****@teleline.es>
To: diadia@telecinco.com

Hola Maria Teresa.!

Me llamo Pilar. Soy de Tortosa (Tarragona). Soy ama de casa y una gran seguidora de tu programa . Tengo que decirte que me has animado las mañanas pues he pasado unas temporadas bastante malas con depresiones pero con tu programa y con tus ayudantes y el corrillo me habéis ayudado mucho. Cuando llegan mis hijas siempre comento alguna cosa de tu programa y siempre comentando algo te tuteo y claro cuando digo . Hoy Maria Teresa ha dicho...... y entonces es cuando dice mi marido: «qué Maria Teresa?». Como veras de la familia. Te felicito por haber dejado de hablar de Gran Hermano, pues aunque es un programa de entretenimiento y a mi me gusta y lo veo creo que tu tienes otras cosas mas interesantes de que hablar. Felicidades!. Tengo que decirte que mi hija me esta enseñando a manejar el ordenador i que este es el primer email que mando.

Subject: NECESITO CONFESAR QUE...
Date: Wed, 15 Jan 2003 22:10:30 +0100 (CET)
From: "*****" <*****@yahoo.es>
To: diadia@telecinco.com

Querido corrillo:

Hace un mes me llamaron para trabajar en una oficina.

Era mi primer trabajo y por eso estaba ilusionada. Tras la lógica alegría, de repente me di cuenta de que tendría que dejar de veros ¡Qué desilusión! Pero mi mente se puso a trabajar en busca de una solución y héte aquí que la encontré:

_Me compré una mini tele portatil muy económica y apañada, que ocupa poco espacio en mi mesa de trabajo y que en caso de emergencia (cuando aparece el jefe o cuando el corrillo se revoluciona y el volumen se dispara) puede ser ocultada en el cajón sin problemas. A las 11.25 me conecto y a partir de ese momento , todos los asuntos pasan a un segundo plano.

Por todo esto, necesito confesar que soy adicta al corrillo y que me autoinscribo en el club oficial de pelotas de M.ª Teresa Campos. También quiero felicitar a Silvia y a mi paisano Israel por su reciente paternidad. Con esos padres tan guapos, Hugo va a ser el terror de las nenas!!!

Biquiños!!!

Chucky. [Image]

Asunto: MI MADRE T QUIERE IMIATARRRRRRR
Fecha: Mon, 31 Mar 2003 16:00:33 +0100
De: "*****" <*****@hotmail.com>
A: diaadia@telecinco.es
CC: <*****@hotmail.com>

Querida Maria Teresa, en primer lugar me gustaría darte la enhorabuena x tu programa, lo sigo todos los dia. Pero el motivo de este e-mail, es que en junio se casa mi hermano y mi madre es la madrina, cuando va a cualquier tienda para buscar el vestido, le dice que le gusta mucho tu estilo así que me gustaría mucho que nos dijeses algo, o que le prestes uno de los tuyos, se que le haría mucha ilusión. un bso y suerte con tu programa.

Asunto: ay, la script
Fecha: Mon, 31 Mar 2003 21:03:16 +0200
De: "*****" <*****@ya.com>
A: diaadia@telecinco.es

¡Genial!

A eso de las once treinta, pijama aún puesto, estaba mojando, como de costumbre, unas campurrianas en mi café con leche (café soluble y calentamiento en microondas), viendo el corrillo como muchos otros días. No me partía de risa, la risa me troceaba.

El caso es que con tanto alucine por mi parte, mis galletas se reblandecían (al no sacarlas a tiempo) en el café con leche y al tratar de llevármelas a la boca se iban descuajeringando por la mesa de cristal que tengo entre el sofá y el televisor.

Mis felicidades a la script

Su capacidad de improvisación me dejó imbécil. Yo, que nunca me divierto (cuando me divierto) hasta pasadas las 19 horas, he tenido el mejor desayuno que en el 2003 recuerdo.

Gracias Terelu.

Asunto: Opinion programa día a día.
Fecha: Mon, 31 Mar 2003 23:39:13 +0200
De: "*****" <*****@telefonica.net>
A: diaadia@telecinco.es

Querida Mª Teresa: Me encanta la mesa de debate político del mediodía de tú programa. Pero lo que es insufrible es el resto del mismo que le dedicas al Corazón, al Hotel Glamour y a mas Corazón.

Mª Teresa eres una periodista magnífica y podrías hacer una inmensa labor de educación e información para la gran audiencia que tienes.

Tienes la gran oportunidad de poder tratar temas que no se tocan en otras televisiones y sin embargo te limitas a mantener la audiencia con el patetismo de la prensa del corazón, etc. Es una pena ya que estas en un lugar privilegiado y despilfarrando un tiempo que es precioso en los tiempos que estamos viviendo, donde la manipulación de la información está a la orden del DIA.

Un fuerte abrazo: *****

Benalmadena Costa. Málaga.

Asunto: Invitación para el dia 22 de Mayo
Fecha: Fri, 27 Feb 2004 10:13:26 +0100
De: "*****" <*****@eygema.com>
A: diaadia@telecinco.es

Me llamo Lucía, tengo casi 25 años y soy de Huelva. Te sigo desde hace muchos años todo lo que me permitía mis estudios y ahora mi trabajo. Mi madre es una gran admiradora tuya y es la que me cuenta todo lo que pasa en tu programa y me graba lo mas importante, ya que no tengo tiempo para ver el programa completo.

Ayer como muchos días me estaba contando lo que había pasado en el programa, y según mi madre tu comentaste que no tenias nada que hacer el día 22 de Mayo, bueno se que no es lo mismo, pero tengo el gran placer de invitarte a mi boda, que por cosas de la vida es el 22 de Mayo (yo tenia la fecha desde mucho antes).

Ese día es muy importante para mi, pero hay algo que no me esta dejando disfrutar todo lo que quisiera, y es que mi madre sufre una depresión desde hace tres años, porque tal día como este de hace tres años mi abuela se suicidó y mi madre no ha conseguido superarlo, fíjate que me dice que solo ira a la iglesia, que no se siente capaz de ir a la celebración, para mi esto seria un gran disgusto en el que debería ser el día mas importante de mi vida.

Sin mas me despido de ti, rogándote que le mandaras un saludo a mi madre que se llama Manola, por lo menos para alegrarle el día y recordándote que seria un placer que asistieras a mi boda, ya se que no es lo mismo, pero para mi es mas importante que la del Príncipe.

Un abrazo. *****

Asunto: Un pequeño comentario
Fecha: Mon, 1 Mar 2004 12:32:44 +0100
De: <*****@wanadoo.es>
A: diaadia@telecinco.es

como mujer maltratada que soy, ya que cuando tienes un hijo comun esto nunca se acaba aunque no convivas, solo quiero comentaros una cosa, cada vez que mi marido veia la noticia de una mujer maltratada muerta me decía, lo ves... eso tendria que hacer yo contigo, si es que os lo mereceis todas, ves... nos hartais, sois agobiantes. Y cada mujer muerta o quemada era una autojustificacion de su comportamiento. Cuando marche de casa lo hize con sus dedos marcados en el cuello. Ante eso me pregunto, estamos ante el pez que se come la cola? ¿esta bien orientada la informacion que se da? ¿Se deberia recrear tanto en como paso, y descripciones de como se compra el cuchillo o solo nombrar la noticia y animar a las mujeres a denunciar?. Creo que la forma en que se transmite la información esta haciendo a los maltratadores autojustificarse, ya que es tan normal matar a tu mujer, lo hace mucha gente, en fin lo hacemos todos, las mujeres os lo mereceis... y ante tanta normalidad y descripciones, no para de aumentar el numero de mujeres muertas. ¿Por que, no sacais en la tele a las que han triunfado despues de ser maltratadas? para que cada vez haya mas que mujeres que vean que hay un mundo fuera y posible, y se animen a dejar su casa e intentarlo, cuando estas dentro parece que es imposible salir y que fuera no hay un mundo que te permita subsistir y salir adelante.

Un saludo.

Asunto: mi enfermedad ha sido menos gracias a vosotros
Fecha: Mon, 1 Mar 2004 14:30:12 -0000
De: "*****" <*****@teleline.es>
A: diaadia@telecinco.es
CC: "m teresa campos" <diaadia@telecinco.es>

querida maria teresa,solo quiero daros las gracias por hacernos pasar una mañana agradable,llevo 2años que por una cosa o por otra acudo a vosotros para olvidar mis problemas. Estuve de reposo 5 meses hasta el septimo que nacio mi hija,ese mes que estuvo en la incubadora no os vi,luego me diagnosticaron la enfermedad de crohn,que se complico con una cirugia infectada,ahora al año me han vuelto a operar y parece que la cosa va bien,solo que me han cortado 24 cm de colon con las dos operaciones. solo os cuento esto para que sepais que vuestro trabajo para algunas personas como yo es muy importante ,por que solo un segundo que os oigo,no pienso en lo mio ,y seguro que habra gente peor que yo que pensara lo mismo.gracias a todos y un besos muy grande.

Asunto: FINALIDAD "LA AUDIENCIA"
Fecha: Fri, 11 Apr 2003 00:31:17 +0200
De: "*****" <*****@hotmail.com>
A: diaadia@telecinco.es

Querida Mª Teresa y equipo:

Ayer, Mª Teresa, acabaste la entrevista a Rosa Villacastín con un "me gustaría dedicar más tiempo a estos temas pero Uds., la audiencia, no los ven".

Yo me pregunto si siempre tiene que primar la cantidad (de audiencia) y no la calidad (del espacio).

Hay personas, sobre todo mujeres, que hemos elegido dedicarnos a nuestros hijos, o familiares enfermos o discapacitados. Otras... a la vida familiar. Hay como bien dijiste ayer, quien después de hacer de gerente, contable, asesora de pedagogía infantil, cocinera, modista o directora general de esa hermosa empresa que es la familia, se ve forzada a la jubilación forzosa, para ceder su puesto a una colaboradora más joven. En fin que no tenemos tiempo para desarrollar esa esfera personal tan importante para una buena salud emocional. Y en muchísimos casos la mujer desarrolla un episodio de depresión. Acabamos sin autoestima porque no tenemos la facultad o el tiempo para querernos. ¿Será la educación... la genética... las hormonas... que a más progreso menos serotonina...?

Nos vendría bien un poco de reconocimiento, y porqué no ayuda, a través de un espacio televisivo sin circo-melodrama.

En todo caso me gustaría que tuviera menos relevancia el aspecto físico, la vida de los famosos, o el cómo ganar cada día más dinero con menos esfuerzo a costa de un continuo espectáculo. Pero qué le vamos a hacer. La vida, cada día más, es un circo.

Asunto: A la att. Sra. Mª Teresa Campos
Fecha: Sun, 13 Apr 2003 23:54:52 +0200 (CEST)
De: "*****" <*****@yahoo.com>
A: diaadia@telecinco.es

Sra. Campos:

Me gusta mucho su manera de ser, abierta y prudente, alegre, dialogante y elegante.

Estos últimos días, en sus tertulias está usted un poco cambiada. Lo lamento. En nuestro país necesitamos a la Teresa Campos de siempre, no a esta última.

Los medios de comunicación en general estan muy crispados y yo, que viví una guerra civil en España, me entristece el poco sentido de responsabilidad de algunas personas que tienen poder significativo en los medios de comunicación.

No a la guerra , si a la paz, fuera los mentirosos.

Gracias por escucharme,

***** de Barcelona Capital

Asunto: SEA DEMOCRATICA, SRA Mº TERESA CAMPOS
Fecha: Wed, 19 Mar 2003 14:55:29 +0100
De: "*****" <*****@hotmail.com>
A: diaadia@telecinco.es

Que vergüenza Sra Mª Teresa Campos. ¿Esa es su democracia?, ¿esa es su mesa "imparcial" de debate?. Sigue usted en la misma línea parcialista de siempre. Su mesa, como siempre 4 señores de izquierda contra uno de derechas, ¿eso es un debate?, se la ve mucho el plumero Sra. Mª Teresa Campos, y eso no es todo, hay que incluir las llamadas telefónicas de los participantes que "curiosamente" también suelen ser el 99% de izquierdas, ¡que casualidad!. ¡HAGA UNA MESA DE DEBATE IMPARCIAL! y deje que después pensemos los españoles lo que queramos. Luego hablan de manipulación en los medios.

Un saludo.

*****

Madrid

Asunto: MARÍA TERESA CAMPOS: ERES LA NUEVA URDACI.
Fecha: Wed, 25 Feb 2004 10:31:50 -0300
De: "*****" <*****@hotmail.com>
A: diaadia@telecinco.es

Lo de ayer fue peor que Urdaci. Hasta M. Teresa dijo que habia que ir a votar, como diciendo, si no votan no ganamos. ¿Cuando entrevistan a Zapatero? seguro que no lo entrevistan. Además a ver si con ZP cambian los contertulios que corresponden para ponerlos afines a el como con Rajoy, y lo ponen un festivo para que lo vea mas gente, como un rajoysshh en carnaval

MARIA TEREA MUSA DESCARADA DEL PP.
HAS GANADO A NORMITA DUVAL, DOÑA PURI.

Asunto: un fan de Maria Teresa Campos
Fecha: Wed, 19 Mar 2003 12:32:06 +0100 (CET)
De: "*****" <*****@yahoo.es>
A: diaadia@telecinco.es

Hola Maria Teresa,

Te escribo desde Guipuzcoa. Tengo un compañero de trabajo que se pasa el dia hablando de ti, y cada mañana, cuando vamos a tomar el cafe al bar, aprovecha para verte, aunque sea unos minutos.
Y siempre que alguien se mete contigo, ahi esta el para defenderte.

Mi compañero se llama Edorta y creo que lo sabe todo de ti (todo lo que se puede saber, claro): Tu color favorito, el dia de tu cumpleaños, tu trayectoria profesional, etc., etc., etc. También tiene una foto a tu lado, de cuando coincidio contigo en Madrid en una gala televisiva.

Queria preguntarte si es posible que vaya de invitado algun dia al programa, o que le escribas unas cuantas palabras, porque le haria mucha ilusion.
Su correo electronico es el siguiente (que conste que el no sabe nada de este mensaje, pero es tan "pelma" con "su Maritere" que queremos darle una sorpresa):
******@yahoo. com

Gracias por todo. *****

Este libro se imprimió en
Cayfosa-Quebecor, Industria Gráfica
Santa Perpètua de Mogoda
(Barcelona)